Hermann Fölster

Sprachliche Reimuntersuchung

der Miracles de Nostre Dame de Chartres des Mestre Jehan le Marchant

Hermann Fölster

Sprachliche Reimuntersuchung
der Miracles de Nostre Dame de Chartres des Mestre Jehan le Marchant

ISBN/EAN: 9783743651562

Hergestellt in Europa, USA, Kanada, Australien, Japan

Cover: Foto ©Thomas Meinert / pixelio.de

Weitere Bücher finden Sie auf **www.hansebooks.com**

Sprachliche Reimuntersuchung
der
Miracles de Nostre Dame de Chartres
des
Mestre Jehan le Marchant.

INAUGURAL-DISSERTATION

zur

Erlangung der Doctorwürde

bei

hoher philosophischer Facultät zu Marburg

eingereicht

Hermann Fölster
aus Vorbrügge (Holstein).

Aus: Ausg. u. Abh. aus d. Geb. der roman. Philol., Heft XXXVIII.

Marburg.
Universitäts-Buchdruckerei (R. Friedrich).
1885.

VITA.

Am 19. August 1859 wurde ich, Hermann Fölster, als Sohn des Hofbesitzers C. Fölster und dessen Ehefrau Johanna, geb. Behrens, zu Vorbrügge in Holstein geboren. Den ersten Schulunterricht erhielt ich in der Volksschule zu Kellinghusen, besuchte dann die dortige Privatrealschule und später das Realgymnasium zu Rendsburg, das ich Ostern 1880 mit dem Reifezeugniss verliess. Im Herbst gleichen Jahres bezog ich die Kieler Universität, um mich dem Studium der neueren Sprachen zu widmen, ging aber Ostern 1881 nach Strassburg und nach 3 Semestern von da nach Marburg, wo ich am 25. Febr. 1884 das examen rigorosum bestand.

Allen meinen Lehrern bin ich zu Dank verpflichtet, doch spreche ich

Herrn

Professor Dr. Edmund Stengel

in dankbarer Verehrung

gewidmet.

So grosse Fortschritte auch die Erforschung der altfranzösischen Dialekte und namentlich der des Westens und Nordens in den letzten Jahrzehnten gemacht hat, so giebt es doch auch hier noch Gebiete, über deren Sprache man nur annähernd klar unterrichtet ist, da es ihnen entweder ganz an litterarischen Denkmälern fehlt, oder dieselben noch einer Veröffentlichung beziehungsweise nähern Untersuchung bedürfen. Hierher gehört besonders das Gebiet zwischen der Normandie und Isle de France, also die alten Landschaften Perche und Beauce mit Chartres, aus denen bisher keine Urkunden bekannt geworden sind, und denen auch nur eine Dichtung: »Les Miracles de Notre Dame de Chartres« anzugehören scheint. Diese in mehr als einer Hinsicht interessante Mirakelsammlung bietet also bisher die einzige Möglichkeit, den alten Dialekt jener Gegenden näher kennen zu lernen, und dürfte es daher eine lohnende Aufgabe sein, denselben nach diesem Gedichte näher zu kennzeichnen und mit seinen beiden grossen Nachbardialekten zu vergleichen. Das soll in nachstehender Arbeit geschehen. Zunächst wird es nöthig sein, einige Bemerkungen über unseren Text vorauszuschicken.

Auf der Bibliothek zu Chartres als Theil der Hs. Nr. 18 aufbewahrt, wurden die Mirakel 1855 von M. Duplessis, Rektor zu Douai, veröffentlicht, und zwar, um sie auch weitern Kreisen verständlich zu machen, mit angefügtem Glossar. Letzteres genügt jedoch den jetzigen Anforderungen der Wissenschaft nicht, zumal es manche der selteneren Wörter entweder ganz auslässt oder falsch erklärt.

Was die Abfassungszeit der Sammlung betrifft, so stammt die Hs. aus dem Ende des XIV Jh., die Dichtung ist aber, wie wir gleich sehen werden, bedeutend älter. Sie besteht aus 32 Mirakeln, die sich meist auf den Brand und Wiederaufbau der Kirche von Chartres beziehen, zum Theil jedoch auch Wunderthaten in andern Städten feiern, die wir auch bei andern Mirakeldichtern, wie Hugues Farsit und Gautier de Coincy, erwähnt finden.

Der Vers ist der paarweis leoninisch-gereimte 8-Silbner.

Ueber den Verfasser selbst wissen wir nur das, was aus seinen eigenen, eingefügten Bemerkungen hervorgeht, doch ist dies mehr und ungleich wertvoller, als was uns sonst im allgemeinen über altfranzösische Dichter bekannt ist. Am Schlusse bemerkt der Verfasser nämlich, dass er, Mestre Johan le Marcheant, dieselbe im September 1262 vollendet habe und knüpft hieran eine Lobpreisung der königlichen Familie und besonders des Königs Louis IX, der ihm die Präbende von Peronne verliehen habe. Weiter erfahren wir aus der Einleitung zum dritten Mirakel, dass seine Vorlage ein lateinisches Mirakelbuch gewesen, dessen Verfasser Augenzeuge sowol des Brandes der Kirche als auch der verschiedenen Wunder war.

  Cil qui le latin en escrit
  Vit quant quil mist en son ecrit.

und dass er, Jehan, bei Wiederauffindung dieses lange verlorenen, kostbaren Buches auf Wunsch des Bischofs Mahe und aus Verehrung für die heilige Jungfrau es in's Romanische und in Verse übertragen habe, um es so auch den Laien zugänglich zu machen.

  Li lai par droit au[s] clers satendent
  Qui leur exposent lescriture
  Qui leur est a entendre ocure
  Por ce voil ge mentente mestre
  Que ge leur expose la lestre . . .

Nach dieser Erläuterung über Art und Verfasser unserer Dichtung wenden wir uns zu unserer eigentlichen Aufgabe und werden nach vorangestelltem Rimarium uns eingehend mit der daraus sich ergebenden Lautlehre beschäftigen und zum Schluss auch das Wesentliche aus der Flexion hervorheben. Die vortonigen Silben der männlichen leoninischen Reime haben wir in dieser Untersuchung nicht in Betracht gezogen.

Rimarium.

a.
-abet *prs.* +-avit:4,£. 7,2. 8,17. 11,9. 15,12. 20,26 etc.; — *fut.* +-avit: 95,2 +∞: 15,21. 34,7. 94,28 etc.
-ac *adv* +-avit: 108,21. 115,16. 189,2.
-avit *prt.* +-abet, -ac +∞: 1,15. 2,16. 4,4. 8,24 etc.

able.
-*abalum *sb.* +-abilis: chaable 81,25.
-abilem *a. f.* + -abilis: estable 46,1;
— *a. m.* +-abilis, -abolum, -abulum.
-abilis *a.f.*+-*abalum, -abilem, abulam 81,26. — 46,2. — 14,24. 78,16. 130,18. — 5,5.
-abolum *sb.* +-abilem: deable 164,14.
-avalam *sb.* +-abilem: fable 80,11.
-abulum *sb.* +-abilis: estable 5,6 ¹).

ables.
1) -abiles *a. m. n.* +o.: 207,9.
2) -abilesa.*f.o.*+-abilis:42,6; +∞ 137,13.

-abilis *a.m.n.*+-abiles: 42,5; +-abolus: 63,25; +-abulas:17,4; +∞ 91,30.
-abolus *sb.* +-abilis:63,26.
-abulas *sb.* +-abilis: fables 17,3.

ace.
-aceam +-atium: fifluce 151,6.
-acia +-aciem: trace 4,22.
-aciat *prs. c.* + -aciem: face 110,10; +-atiam: face 164,2.
-aciem *sb. f.* +-acia, -aciat: face 4,23 110,11.
-ateam *sb. f.* +-atiam, -atium: place 61,30. — 165,23.
-atiam +-aciat, -ateam, -atio : grace 61,29. 164,1. 210,20; +∞:11,24. 15,7.
-atio *sb.f.n.*+-atiam : auocace 210,21 ²).
-atium*sb.m* o.+-aceam, -ateam: espace 151,5. — 165,22.

aces.
-acias *prs. c.* + -atias *sb.*: faces: graces 166,11.

1) Wohl männlich, wie oft im Altfrs.
2) Dieses Wort habe ich sonst nirgends verzeichnet gefunden. Auch in unserem Texte findet es sich nur hier: »Or prion . . . La dame quelle par sa grace Vers son filz soit nostre auocace«. Seiner Bildung nach entspricht es wohl am besten dem latein. *advocatio* und wäre dann eins von den wenigen Fem. der lateinischen *i* u. konson. Deklination, die aus dem *cas. rect.* gebildet sind, wie *préface, dédicace, collocace, confesse*, von denen die meisten ja noch jetzt gebräuchlich sind. Da es hier aber im Sinne von »Fürsprecherin« steht, so ist ein Wandel des Abstractum zum Concretum anzunehmen, der ja auch durchaus nicht vereinzelt steht; vgl. ital. *podestà* und anglo-normannisches *justice*.

aches.
-ascas *sb. f. n.* +-aticas : taches: naches 65,20.

acre.
-aconum*sb.*+-agram*sb.*:Fiacre:poacre 199,5.

ade.
-abitum *a. m.*+-apidam : malade200,27.
-abiti *a. m.*+-apidam : malade79,23; —
+-atui: malade 196,12.
-apidam *a. f.* +-abiti, -abitum : sade 79,22. 200,26.
-atui *a.* +-abiti: fade 196,13.

ades.
-abitos *a. o.* +-*apidas *a. n.*, *a. o.*: malades: sades 198,11. — 199,12.

age.
-apiam *a.*, -apii *a.*, -apius *a.* +-aticum *sb. o.*: sage 189,18. — 70,15. 97,11. — 11,20. 108,16.
-aticum *sb. o.* +-apiam: malage 189,20;
+-apii:domage 97,10; mesnage(s) 70,14; +-apius: vilage 11,21; aage 108,17; +-aticus:pelerinage 120,18;
+ ∞: 4,26. 5,27. 32,23. 43,3. 53,8. 57,4. 67,20. 74,15 etc.
-aticus *sb.*+-aticum: corage 120,17.

ages.
-agines *sb.f.* +-*aticos : images 209,22.
-aticas *a.f.*+-aticos: sauuages 38,7.
-*aticos *sb.* +-agines, -aticas, -aticus : mesages 209,21. — 38,6. — 128,29.
-aticus *sb. n.* +-*aticos *sb.*: domages 128,18.

ai, ei.
1) -abeo *prs.* +-acum 42,21 ; +-aīci 22,2. 74,6; — *fut.* +-acum 127,25.

-acum *sb. o.*, *a.* +-abeo: Prunai 42,22. — 127,26.
-*acum *sb. o.* +-aīci *sb. pl.* delei ¹) 103,3. 171,2.
-aīci *sb. pl.* + -acum ; +-abeo:lei 22,1. 74,5.
2) -apio *prs.* +-aviprt.: osei : sei156,20.

aie vgl. oie.
1) -a(b)eam *prs. c.* +-aīca *a. s.*: aie: laie 2,1.
2) -acam *a.* +-ēbam : veraie 102,14. 147,20; +-agam: veraie 167,12.
-aga *sb.*+-ēbam: plaie 7,15.
-agam *sb.* +-acam *a.*: plaie 167,11;
+-īcat *prs. i.*:plaie 67,16.
-ēbam *impf.*+-acam:enseignoie102,14;
+-uga : fiaie 7,16 ; — *cond.* +-acam : seroie 142,19.
-īcat *prs. i.* +-agam:emplaie 87,15.

aient *s.* oient.

aies.
-acas *a.* +-ēdas *prs. c.* veraies:craies 139,1.

aigne vgl. oigne u. eigne.
1) -anea *sb. f. n.* + -*angam(?) *sb.*: montaigne: empaigne 208,13.
2) -aneam*sb.*+-ania:montaigne183,9;
+-endeam, -ignat, -*unia : ouuraigne 19,3. — 123,4. — 150,21.
-ania *sb. f.* +-aneam, -aniam : compaigne 183,8. — 182,12.
-aniam *sb. f.* +-ania, -igniam:champaigne 182,11. — 102,25.
-endeam*prs.c.*+-aneam:apraigne19,2.
-ēneat*prs.c.* +-ignat:tiegne 133,4.

---

1) Vgl. Förster in:Gröbers Z. VI. 108.

-ignat *prs. i.* +-aneam, -ĕneat : enseigne 123,5. — 133,5.
-igniam *sb.* +-aniam : enseigne 102,26.
-*unia *sb. f.* +-aneam : besoigne 150,22.

aignent.

-angunt + -ingunt : plaignent : estaignent 191,11.

aille.

-acula *sb.* + -*aliam *sb.* : deuinaille : touaille 176,7.
-aculam *sb.* + -aleat *prs. c.* : maille : chaille 133,11.

aillent.

-*aculant *prs. i.* +-aliunt *prs. i.* : trauaillent : assaillent 180,15.

ain, ein.

-amen *sb. m.* +-anum *sb. f.* : arein 98,1.
-ane *adv.* +-anum *sb. f.* : main 43,7. 198,15. 203,22.
-anem *sb. m.* +-anum *sb. f.* : lendemein 68,14. 153,3. 159,9 ; +-ēnus *a. m.* : pain 35,6.
-ani *sb. pl.* +-anum *sb. m.* : chapelain 201,31.
-anis *sb. m. n.* +-anum *sb. f.* : pein 50,4.
-anum *sb. f.* +-amen, -ane, -anum *m., a.* : mein 98,1 — 43,8 — 153,4 — 10,2. — 16,13. 54,20. 197,9 — 16,13.
-anum *sb. m.* +-ane, -ani, -anum, -anus *a.*
-anum *a.* +-anum *f.* : 16,12. 54,19. 197,16 ; +-anum *m.* 173,9. -ĭnum 194,17. 201,1.
-anus *sb. f. s.* +-ēnum : mein 173,22. — *a.* +-anum *sb. m.* : lointain 42,24.
-ēni *a.* +-ēnus : plein 82,12.
-ēnum *a.* +-anus : plein 173.21.
-ēnus *a.* +-anem, -ēni : plein 35,5. 81,11.
ĭnum *sb.* +-anum *a.* : sein 194,16. 201,2.

aindre, eindre.

-andior *a. m.* +-angere, -ŭnere, -ingere graindre 22,20. — 158,2. — 68,27.
-ánere +-angere : remeindre 145,21.
-angere + -andior, -anere, -inguere : plaindre 22,19 ; — complaindre 145,20. — 4,18.
-ĕmere +-andior : geindre 158,3.
-ingere + -andior : ateindre 68,26 ; +-inguere : estreindre 12,21.
-inguere +-angere, -ingere : estreindre 4,19. — 12,20.

aindrent.

-*Ănserunt *prt.* +-inguerunt *prt.* remeindrent : estaindrent 209,29.

aine, eine (oine).

-ana *sb.* +-anam *a.*, -ena *a.* : fontaine 206,25. - 211,7 ; — *a.* +-anam *sb., a.*, -ena *sb., a.* : seinne 176,20. — 46,9. — 164,26. — 44,28 ; +-equanam : 166,3 ; +-īna : dareine 109,26 ; +-inat, -*inium : 131,7. 151,1.
-anam *sb.* +-ana : leine 176,19 ; + *a.* : semeine 150,10 ; + -ena : fonteine 61,23 ; — *a.* +*sb.* : preuchaine 150,9 ; +-anas *b.*, *a.* : humeine 206,24. — 46,10 ; +an(i)am : souuereine 120,11 ; certeine 142,11 ; +-ĭnat, -ōniam : 25,2. — 66,7.
-anat *prs. i.* +-īna : seine 95,26.
-an(i)am *sb.* +-anam : Aquiteine 120,12. 142,22.
-ēna *sb.* +-ana : aleine 164,25 ; — *a.* +-ana, -anum, -ēnam : pleine 211,8. — 61,24. — 169,12.
-ēnam *sb.* +-ēna, -oenam : auoine 169,11. — 167,27.
-ĕq(ua)nam +-ana : Seine 166,4.

-*ina sb. +-ana,-anat : marraine 109,25.
— virgiaine 95,27.
-iaam sb. +-ēnam : famaine 28,17.
-inst(ur)prs.i.+-ana, -anam, -oenam:
  moine 131,8.— 25,3.— 160,7; meine 163,1.
-*in(i)um sb.m.+-ana : diemeinne 151,2.
-oenam sb.+-ēnam, -īnat : poine 168,1;
— peine 162,31.
-ōniam sb.f. +-anam : essoine 66,8.

ains, eins.
1) -anotos sb. +-ignos sb. : seins 170,10.
2) -anos a. +-anus : seins 46,5.
-anus sb. m. s. + f. : chapelains 161,8.
- 168,27; — sb.f. pl. o. +-anos, -anus m.,-īnus : mains 46,6. — 161,9. 169,28.
— 145,3. 151,4. 190,1. 196,30. 198,9. 199,10.
-inus adv. +-anus : mains.

aint, eint.
1) -anctum sb. +-anet(?) prs. c. : maint : seint 168,20.
2) -anet prs.i.+-*anti: meint 3,16. 46,13. 166,6.
-angit prs. i. +-*anti, -inctum : pleint 165,14. — 163,27; +-anctum : seint 168,21.
-*anti a. +-anet, -angit : meint 3,15. 46,12. — 166,5.
-inctum p.p. +-angit : enfreint 163,26.

ainte, einte.
-anctam sb. +-incta p. p. 24,5. 176,31.

aire, eire, ere.
1) -acere inf.+-agire : faire 51,4 ; teire 49,13; + -abere, -aria, -ariam ; +-*atrium : pleire 6,9 ; +-edere : tere 48,14.
-acere sb. +-aria, -atrium : 53,3. 60,2.
-*agire + -acere, -aria: breire 49,12· 51,5. — 192,16.
-agrat prs. +-aria : flere 168,25.
-ahere inf. + acere : atreire 60,12; +aria : traire 34,28.
-aria a. +-acere inf.; sb., -arium : debonneire 34,4. 37,23. — 58,2. — 20,5 ; +-ahere : deputaire 34,24.
-arium sb. +-aria, -ēdere : 20,6. 38,22; +-īgera : deteire¹). 107,21.
-*atrium sb. o. + -acere : repaire 72,31. 60,3. 183,22. — n. +-acere inf. 6,10
-ēdere inf.+-acere, -arium : craire 48,13. — 38,23.
-īgera sb. +-arium : Leire 107,20.
2) -yteram sb. +-*arius sb.: vicaire : prouaire 154,28.

aires.
-*arius adv. +-arios a. : guleres : contraires 112,19.

ais, ois.
1) -aesum sb. o. +-*itium sb. o.: Blois : noblais ²) 142,9.
2) -asium sb.o. +-*ipsum adv. : Gatinais 67,26. 96,23.
-*e(n)ses sb. +-*ipsum adv. : Francois 182,17.
-*ipsum adv. +-asium, -*e(n)ses : demenais 67,27. 96,22. — ençais 182,16.

---

1) Ein sehr seltenes Wort, für das Godefroy auch nur diese Stelle anführt und das er = *circonstance* erklärt, während wir es mit »Zeitabschnitt« wiedergeben und aus dem vulgärlat. *detarium = sextarium* herleiten möchten, da ein solcher Begriffsübergang ganz gut denkbar ist. Es findet sich hier 3 mal im Text : 73,25. 107,21. 129,6.
2) Auffallende Masculinform. Vgl. Andresen: »Ueber Einfluss von Metrum, Reim und Assonanz auf die Sprache der afrz. Dichter« S. 11.

aise, eiae, ese.

-aceat prs.c. +-*asiam sb.: plese: maeese 69,28; + a.: plese: mauuese 119,18.
-acemab. +-*asiam sb.: fornaise: mesaise 28,19.

eit, et.

-*acit prs. +-actum ? fortreit 76,17; retreit 66,29; desheit 156,19.
-acti p.p. +-actum sb.: 60,22.
-actum p.p. +acti; +-acit, -actus: 66,30.¹) 156,18. — 87,13.
-actus p.p. +-actum: treit 87,12.

eiue.

-aqua sb. +-ip(i)at prs.c. eiue: aperceiue.

al (vgl. el, eu).

1) -alem a. m. +-alem a.f.: 9,28. 206,14; — f. +-alis a.f.: 23,3.
2) -alum sb.o. +-allum adv.: mal: aual 29,3.

ambe.

-ammulam sb. +-ammulat prs. i.: flambe: efflambe 12,22.

ame.

aninam sb. +-eminam: ame 165,11; +-omina: ame 18,4. 189,25.
-eminam sb. +-aninam, -ominam: ſame 165,10. — 45,25. — 192,8.
-emma sb. +-ominam: gemme 111,15.
-omina sb. +aninam: dame 13,3. 189,26.
-ominam sb. +-eminam, -emma: dame 45,24. 192,9. — 111,16.

ames.

1) -animas sb. +-ominas: 15,26.
2) -eminas sb. +-ominas: 199,16. 203,7.

an.

-annem sb. o. +-annum sb. o.: Johan: an 91,10.

ance, ence.

-antiam sb. o. +-entia: remenbrance 148,21; +-entiam: acointance 210,11; deliurance 170,21; demonstrance 12,6; doutance 68,25. 70,23; fiance 172,21; remenbrance 160,17.
-antiat prs. i. +-entiam: auance 25,1.
-entia sb. n. + -antiam: puissance 148,22.
-entiam sb. o. + -antium: penitance 160,18; poissance 71,24. 170,20. 127,5. 172,20. 210,10; porueance 68,24; +-antiat: penitance 24,81; + -innum-eccehoc: science 184,23; — + in-eccehoc: conscience 144,7.
-innum - eccehoc pr. n. +-entiam sb. sen-ce ²) 184,24.
in-eccehoc pr. o. +-entiam sb. en-ce 144,8.

anche.

-ancam a. +-anicam sb.: blanche: granche 186,6.

ande.

-andam sb.f. +-andat prs.i.: commande 85,11; viande 69,1. 115,28.

ange.

1) -ambiat prs. i. +-anea a.: change: estrange 132,4.
2) -aneat prs. i. +-anei a.: estrange 6,3.

anges.

-aneus, -aneua. +-angelos sb.: estranges: anges 90,2. — 141,2.

---

1) Ich lese: 'Icil dont j'ei le romanz treit' st. 'I. d. ici le r. t.'
2) Ich bessere: 'Mes moult (bi)enpoira son sen ce' st. ‚M. m. bien poira s. s. ce'.

ans.

1) **-andes** *a. f. o.* +-**antes** *adv.*: grans: ytans 64,10.
2) **-andis** *a. f.* +-**antes**: grans 195,18. **annos** *sb.*+-antes, -an(i)cium: ans 211,1. — 11,17.
- **-antes** *sb. pl. o.* +annos, -andis: passans 211,2; — enfans 195,17.
- **-an(i)cium** *sb. m. o.* + annos: romanz 11,16.

ant.

1) **-andat** *prs. i.* +-**andum** *sb. o.*: commant 195,29.
2) **-andet** *prs. c.* +-ando *ger.*: demant 53,24.
- **-ando** *ger.* +-andet, -ante, -antem, -antum.
- **-anito** *prs. i.* +-ante *adv.* vant 107,15.
- **-ante** *adv.* +-ando, -anito, -antem: devant 6,22. 67,12. 147,8. — 107,16. — 37,26. 99,27.
- **-antem** *sb. o.* +-ando, -ante, -antem *a. v. m. o.*, -entem: 167,24¹) — 37,25 — 54,11. 60,28 — 108,4; — *a. v. f. n.* +-ante: vivant 99,26 — *m. n.* +*m. o.*: 78,17; — *f. o.* +-ando *ger.*: 69,21 — *p. p.* + -ando, -antes, -antum:7,20. 155,12. 197,16.— 60,18. — 109,12.
- **-antes** *a. v. pl. m. n.* +-antem *p. prs.*: pesant 60,19.
- **-antum** *adv.* +-ando, -antem *p. prs.*: itant 77,4. tant 56,19. atant 155,23. — 109,11; quant 190,5.
- **-entem** *sb.* + -antem *sb.*: sergent 108,5.

ante.

- **-antat** *prs. i.* +-**inta** *num.*: chante: soiseante 209,23.

arde.

- -*arda *sb.*, *a.* +-*ardam: musarde51,1! coarde 33,15.
- -*ardam *sb.* +-*arda, -*ardat, ard(e)a garde51,13. 33,14. — 21,14. 29,1 86,17. — 203,25.
- -*ardat *prs. i.* +-*ardam: garde. ard(e)at *prs. c.* +-ardam: arde 203,2

arge.

- **-arga** *a. f.* +-**arricam** *sb.* large: char₁ 78,11.

ars.

- **-arros** *sb.* +-**artes** *sb.* chars: ars 40,5.

art.

- **-artem** *sb. f.* +**ardet**, -aeret, -artit *pr i.*: part: art 13,8. aart 203,28. pa₁ 131,28.

artres.

- **-arceres** *sb. f.* +-*arnotes: chartres15,{
- -*arnotes *sb.* + -arceres, -artula₁ -*astrus: Chartres.
- **-artulas** *sb.* +-*arnotes: chartres 18,1: 129,2.
- **-astrus** *sb.* +-*arnotes: emplastres13,{

as.

1) **-abes** *prs.*+-**asti** *prt.*:as: donas139,6
2) **-assum** *sb.* + -**assus** *sb. pl. o.*: pa 52,23.

asse.

1) -**aceam***sb.*+-**assa**:boiasse:lasse44,12
- **-apsa** *sb. n.* +-assat: chasse 28,2.
- **-apsam** *sb. o.* +-assat, -assem, -ateam 20,8. 116,11. 170,26.— 123,27.— 171,14
- **-assat** *prs. i.* +-apsa, -apsam: passe 28,1. — 20,17 etc.
- **-assem** *impf. c.* +-apsam.

---

¹) *paysant*; wohl Suffixvertauschung anzunehmen, *antem* für *anus*.

team sb. +-apsa: masse.

rdes1.) ***au** (vgl. **al, el**).*

lem a.f.o.,m.o. +-**ellum** sb.o.: reau,
ard(e)**leiau**: fleiau 179,27. 159,31.
4. 29

***aume** [**iaume**].*

lmum sb. +-*elmus: hiaume: Guil-
e 203,**iaume** 84,28.

***aumes** [**eau, iau**].*

: cha**mas**, -*elmos sb. +-elmus: paumes:
Guillaumes170,15. hiaumes: Gousse-
aumes 181,26.

140,5. ***aus** (**iaus**).*

¹-**aculos** sb. +-ïculos a.: fermaus:
tit p**rermaus** 40,13.
8. p**-alis** a.m.n. +-illos sb.: leiaus: seiaus
138,6.
-**altus** a. m. n. +-*illus sb.: hauz:
consaus 192,25.
:es15)-**ellos** sb. + -**ellus** sb.: moraiaus:
rtula**ressiaus** 115,14.

aut.

18,1**ilt** prs. + -**altum** sb. asaut: saut
es13,**i**33,19.

aute.

litam sb. +-altum a.: faute: haute
139,6**10,2**.
).: pa

***aux** (**eaux**).*

es a. m. n. pl. +-**ellos** sb.: paroissiaux:
44,12**propeaux** 41,12.

e.

tes**mtem** sb. f.a. +-**atem** sb. f. n.: 23,11.
'1,14**i**30,15; — +-ati, -atum, -atus.
28,1**i**p.p. +-atem-, -atos, -atum, -atus.
los p.p. +-ati, -atum, -ěum 30,7. —
26,14. — 29,31.
tum sb.+ p.p.: le 86,31; pense134,25.
— 18,21. 197,24.

Ausg. u. Abh. (Fölster).

-**atum** p.p.+-atem, -ati, -atum, -atus,
-eum 16,23. 38,18,30. 42,16 etc. —
43,27. 60,27 etc. — 18,22. 87. 134,24
etc. — 8,10. 129,23. 134,10 etc. —
12,2 156,13.
-**atus** p.p. +-atem, -ati, -atum, -ěum
126,18. 135,9 etc. — 37,30. 71,28
etc. — 8,11. 129,4; 54,23.
-**ěum** sb. +-atos, -atum, -atus: de.

ee.

-**ata** sb. +-atam: renommee 61,11 etc.;
+-atat: pensee133,15; —p.p.+-atam
sb. 64,31; +— 10,21. 42,17. 100,28;
+∞: 4,24. 5,31. 9,15. 15,31. 122,29 etc.
-**atam** sb.+-atasb. 61,12; +—p.p.: ahee
65,1; +∞: 14,10. 28,31. 144,25 etc.;
— p. p. +-ata; +∞: 1,3. 7,3. 21,16.
27,20 etc.
-**atat** prs. i. +-ata: agree 133,16.

ees.

-**adas** sb.+-atas p.p.: espees: escoutees
182,9.

egne, eigne.

-**egnat** prs.i.+-**egnum** sb.:regne:reigne
42,1.

eil.

-**ilio** prs. +-**ilium** sb.: conseil: conseil
131,19.

eille, oille.

-**iculam** sb. + -**igilet** prs.: oreille:
esueille 8,23; — a. + -**ilia** sb.: pa-
reille: merueille 176,7.
-**iculat** prs. i.+-**iliam**: sommeille196,27.
-**iculem** prs. c. +-**iliam**: apareille 67,6.
-**igilat** prs. i. +-**iliam**: resueille 88,25.
-**iliam** sb. + -iculat, -iculem, -igilat,
-iliat: merueille; meruoille 118,19.
-**iliat** prs. i. +-iliam: meruoille 118,20.

1*

eindres, endres.

-ineres *sb.* -*ínores *a. m.* : cendres: meindres 177,8.

einent.

-*inant(ur) *prs. i.* +-*in(g)unt *prs.*: meinent: ateinent 78,21.

eite, oite *vgl.* este *u.* ete.

-acta *a.*+-ecta *a.*: contreite : droite 46,7.
-actam *p. p.*+-icta, -ittam.
-ëtȧ *sb.* +-*it(t)at *prs. c.*: seite : meite 191,21.
-*ettam *sb.* +-itta *sb.*: chareite : Breite 103,16.
-icta *p. p.* +-actam : detreite 208,1.
-ittam *sb.* + -actam : filleite 53,29. meschineite 100,21 : feite, treite.

eitre, estre.

+it(t)era *sb.* +-*it(t)ere : leitre : meitre 101,23. mestre 59,16.

el.

-ale *adv.* ·| -are *sb.*: autel : autel 116,2.
-alem *sb. m.* +-alem *a. f.*, -alis, al(i)ud; +-alem *a. m.*: chastel, otel : tel 70,30. 135,30.
-alem *a. f.* +-alem *sb.*: tel 51,22.
-alis *a. m.* +-alem *sb.*: tel 64,2.
-*al(i)ud *a.* +-alem *sb.*: el 204,15.

elle.

-ella *sb.* +-ellam, -illam : pucelle 21,27. — 198,19. vertevelle 29,25 ; — *a.* +-illam : belle 14,14. 137,10.
-ellam *sb.* +-ella, -ellat, -illa, -illam; — *a.* +-illam : nouelle 8,31.
-ellat +-ellam : apelle 6,30. 163,7. chancelle 150,3. 159,13.
-illa *sb.* +-ellam, -illam : ancelle 70,21. — 107,14.

-illam *sb.* +-ellam : essele 122,16; — *pron.*+-ella, -ellam, -illa 4,17. 198,19. 8,30. — 107,13.

emble.

-imilat + -ĭmul *adv.* : resemble : ensemble 9,2. 50,12. 96,16. 124,19.

embre.

-*embri *sb.* + -ĕmorat : membre : remenbre 51,10. 134,7.
-embrum *sb.* + ĕmoro : septembre : membre 211,3.

ende.

-endat *prs. c.* ·|-endam *sb.* : deffende: offrende 112,4. 120,26; tende : offrende 132,14; descende : amende 206,7.

endre.

-endere *inf.* +-ĕneram, -inerem ; + ∞ : 31,18. 43,21. 49,22 etc.
-ĕnera *a.* +-ĭnor *a.* : tendre : mendre 86,25.
-ĕneram *a.* + -endere : tendre 8,29. 115,13.
-ĭnerem *sb.* + -endere 13,14. 17,25. 129,31.

ens, enz.

-empus *sb.* + -ensus *sb.* : tens ; sens 164,18.
-entes *sb.* +-intus : dens : dedens 3,22.
-*entos *sb.*+-intus : vestemenz : dedenz 176,2.
-*uum-s +-ensus : suens 211,17.

ent.

-endit *prs.* +entem, -entum : estent 206,26 ; descent 132,9.

-enitam u. +-entem: gentl02,25. 122,14.
-ente adv. + -entem, -entit, -ento,
-entum +∞: 17,19. 25,30. 32,5 etc.
-entem a. m. + -endit : omnipotent
206,27; -*ente9,11; +-entum:present
126,19; — sb. n. +-ente 185,23; —
sb. o.: gent 165,3. 182,27; +-enitum
102,26.
-entit prs. +-ente : ment 116,10; sent
153,9; +-entum.
-ent(i)o prs. +-entum: sant 156,31.
-ento prs. +-ente: dement 110,18.
-entum num. +-endit: cent 132,8; —
sb. +-ente, -entem, -ent(i)o, -entit:
torment 3,17; remenbrement 126,20;
medecinement 156,30; nuisement
153,10.
-inde adv. +-entum : souuent 138,17.
171,11.

ente.

-enditam sb. +-entam sb. : rente, vente:
vessellemente 25,23. 40,17; +-entat:
vente 70,27.
-enita a. +-entat: gente 192,5.
-enta a. +-entat, -entita : dolente 159,5.
presente 158,21.
-entat prs. i. +-enditam, -enita, -enta :
demente.
-*entitam sb. +-enta : consente 158,22.

entre.

-entrum sb. + -intrat : ventre : entre
126,9.

er.

-are sb. +-are, inf.: mer 2,6. 140,18.
-are inf. + -are, -arem, -arum +∞:
2,8. 4,30. 5,3. 7,25 etc.
-arem sb. + are: bacheler 84,5. 85,5.
-arum a. + are: amer 89,30. 132,7.

ere.

-aram a. +-atrem: aucre 134,15.
-aram a. +atrem: amere 61,26.
-*ar(e)at prs. c. +-atrem: apere 25,5.
55,12; compere 33,23.
-ater sb. m. +-atrem sb. f. o. : pere
17,22. 38,12. — sb. f. +-ara, -aram:
mere.
-atrem sb. m, +*ar(e)at; — sb. f. o.
+-aram, -ar(e)at, -ater, -*ěr(i)am :
mere.
-*er(i)am sb. +-atrem : misere 200,9.

erent.

-erunt prt. +-erant impf.: 20,11. 102,25.
109,4; +∞: 10,10. 16,11. 28,7.
30,4 etc.

erre, (eirre, oirre).

-aerere inf. +-erram, iter : querre
109,1.
-*erra sb. +-erram : guerre 143,12.
144,28.
-erram sb. +*-erra, -aerere, -itrum.
iter sb. o. +-aerere, -*itrus: erre 156,4.
— 84,16.
-itrum sb. + -erram ; veirre 49,17 ;
voirre 53,18.
-*itrus sb. + iter: tonerre 84,15.

ert.

-aeret prs. + erat: ahert 98,23.
ěrat impf. +-aeret, -ertum, -ertus.
-erdit prs. +-ervit prs.: pert: sert 87,8.
205,23.
-ertum sb. + erat : desert 71,18. haubert 122,3; +-ertus: desert 72,15 ;
— a. +-erat : espiart 35,15. apert
185,9; — p.p. +-ertus: couert 112,20.
-ertus a. +-ertum: espert 112,21 ; —
72,14; — p.p. +-erat: descouuert 82,1.

erte.
-erditam *sb.* +-erta *a.*: perte:certe 177,2.
ertes.
-erditas *sb.* + *ertas *adv.* : pertes : acertes 22,5.
es.
-ascem *sb.* +-essus *a.*: fes: confes 84,31.
-essum *adv.* +-es: pres : Agnes 158,27.
esche.
-*iscat ¹) *prs. i.* + -*eticam *sb. f.*: empeesche: Marceiche 162,28.
euse.
-ōsa *a.* +ōsam *a.*: 21,12. 32,1. 150,23.
eux.
-ōsus *a.* +-*ōs:merueilleux:deux 167,21.
ex.
-*ales *sb. n.* +ales *a. n.*: autex : autex 47,11.
-ales *sb o.* + alis : chatex : tex 26,17.
ez, es vgl. **e.**
1) -ati *p. p.*+ -atis 31,14. 68,29. 93,10.
-atis *adv.* +-ati, -atos, -atus.
-atis, -*atis *prs. i.* +*imper.*: 75,1.187,24; +-atus: 202,6; — *imper.* + -atus.
-atos *p. p.* +-atis *adv.*
-*atos *sb.* +-*ectos: ales : les 91,26.
-atus *p. p.* + -atis *adv.*, *prs. i., imper.*: 102,1. 136,20. 202,7. —14,26.85,15,16.
2) -*actos + actus *p. p.* : meffez : deffez 23,6.

3) -itidos *a.* +-ittos *sb.* : nez : chenez 195,13.
i.
-c]ēdem *sb.* + -ic, -īti : merci 9,14. 165,9; — 171,23.
-ĕdium *sb.* +-ici *sb.* +-ici *sb.*: mi: ami 143,20.
-ic *adv.*+-c]ēdem:ci 9,13. 165,8; +-*īvit: ainsi 12,29. 49,2. 160,30; autresi 53,15.
-īco *prs.* +-*īem, -*ivit: di 45,19. 150,17. — 9,20. 15,20. 166,30.
-iem *sb.* + -ico, -īvit : samedi 45,18. 150,18. — 160,21.
-iti *p. p.* +-c]ēdem, -ītum, -ivit: 171,24 ; 124,11; 106,21.
-ıtum *p. p.* + -iti, -*ītum *sb.*
-*ıtum *sb.* +-ītum : Joï : 155,5. 202,10.
-ivit *prt.* +-ic, -ico, -*īem, -īti, -ītum : eissi 12,29. 53,24 etc. essi 37,23. respondi 9,19. 15,19; eclardi 37,23. resplendi 106,22... etc. +∞ : 10,42,7. 36,8. etc.

ible.
-*ībilis *a. m.* + -īpulat *prs.* : horrible : trible ²) 64,5.

ice.
-*ĕciam *a.* + -ītiam : nice 34,14. 49,4.
-*ıcium *sb.* + -izza *sb. f.*: office: espice 43,9 ³).

---

1) Statt *impedicare* möchte ich *impediscāre* hier als Etymon ansetzen.
2) Auffallende Schreibung, die offenbar nur dem Augenreim zu Liebe eingetreten ist.
3) Dieses sehr interessante Wort = ahd. *spizza* dürfte bisher in altfrz. Denkmälern nicht gefunden sein; wenigstens kennen es die verschiedenen Lexica in dieser Bedeutung »Spitze« nicht, die es doch unzweifelhaft hat:
   De pies de talons ne despice
   Ne poeit aler ne venir
Sollte vielleicht in unserm Gebiet das Fränkische sich länger gehalten oder auch das Normannische noch nachgewirkt haben?

-itiam+-*scium, -*itium:mallico34,13.
— 134,20. norrice 44,8.
-*itium + -ītiam:vice 134,21.

ices.

-*icias + -ītios:delices : vices 128,6.

ie.

-ĕcat + -īcam, -ita, -*iat, -itam:prie
115,3. — 63,1. — 124,6. — 58,10.
-ēna + -īta:serie ¹) 151,28.
-ia sb.+-*iam,-ītam,-itat:soneric203,10.
— 165,17. 184,10. espie 114,25;
Marie 191,25.
-iam sb. + -ia, -īcam, -īcat, -īgat,
-ītam, -ītat.
-*iat prs. i.+-ĕcat, -ītam:umilie124,5;
tesmoignie 106,5.
-ĕdia a. + -ītam:demie 69,18.
-īcam sb. + -ĕcat, -iam, -īgat, -īta:
mie 115,2; amie 76,27.130,24.137,26.
— 151,20. — 172,16. — 111,28; —
prs. c.+-iam, -ītam:die 67,8.190,21.
— 157,28.
-*icat prs. i. + -iam : charie 195,4.
senefie 87,28; — prs. c. + -iam:
die 153,2. 166,3.
-idat prs. i. + -iam, -itam : mercie
79,29. fie 57,29.
-igat prs. i. + -iam, -icam : chatie
132,28. — 151,21.
-ita sb. + -ĕcat, -īcam, -ita:aīe69,18.
172,17. - 41,3. vie 100,2; — a v.
+ -itat : esbahie 123,14; — p. p.
+ -ēna, -īcam, -ita.
-*itam p. p. + -ia, -idat : acomplie
114,24 ; — sb. +-*iat, -itat, -īcam:
partie 106,5. — 126,23. haīe 157,10.

-itat prs. i. + ia, -ium:ita, -itam:
crie 191,26. — 191,13; escrie 126,22.
— 123,15.

ient.

-ĕcant + -icunt + -*itant : prient :
dient 62,27. prient:crient 191,20.
-igant +-icunt:chastient:dient52,15.

ié.

-iet]atem sb. n.+-ct]atum:moitié65,15;
— sb. o. + -ct]ati, -ct]atum : pitié
70,17. 71,10. — 199,29.
-ct]ati a.v.+-ie]atem:afeitié70,16. 71,9.
-i]ati a.v. +-c]atum, -i]atum, -i]atus:
targié 103,20; esleescié 76,9; courrocié 94,10.
-c]atum + -c]atum p., -c]atus:pechié
190,6. marchié 153,23. euechié 59,15.
— 152,4. 185,14; — p.p. +-c]atum,
-i]ati, -i]atus.
-e]atum sb. +-i]atum p. p.: congié :
songié 146,29.
-ct]atum p. p. +-iet]atem, -i]ati:espletié 65,14. degetié 199,30; percié
76,10.
-c]atus p. p. + -c]atum:entechié 152,5.
185,13.
-i]atus +-i]ati, -c]atum:blecié 94,10;
cachié 139,22.

iece.

-*ĕtium sb. + -*ĕtiat:piece:despiece
193,3.

iée.

-i]ada sb. + -c]ata, -gn]atam : coigniee
93,23,28.
-adat prs. c.+-c]atam:ch[i]ee 210,30.
-c]ata+-cc]ata p.p.: dougiee : touchiee

---

1) Et la lune luiseit serie.
Hiernach passt sowohl serenus als secretus als Etymon.

121,28; — *p. p.* + -i]adu, -cl]uta,
i]atam : encruchiee 93,24. domagiee
25,6. deliee 122,28.
-cl]ata *p. p.* + -c]ata : appareilliee 25,7.
-c]atam + -adat : cerchiee 210,31.
-gn]atam + -i]uda : enpoigniee 93,27.
-i]atam + -aeta *a.* : hetiee : liee 47,17.
55,5 ; + c]ata *p. p.* : perciee 122,27.

ief.

c]aput + c]aput *adv.* : chief : rechief
80,5.

ien.

1) c]anem + -ëne : ohien : bien 191,31.
2) -amensb. +-ch]anisb. : lien : parroissien 174,10.

iens.

-i]anes+-git]anus : Oliens : loingtiens¹)
74,1.

ient.

-ënet *prs.* + ∞ : sostient : ti[ent 200,24²).

ier.

-cc]are *inf.* +-i]are, c]arum : approchier
82,10. 199,26 ; touchier 121,2.
-c]are+-*arium, c]arum : chargier 78,6.
herbergier 136,22 ; couchier 136,18.
venchier 163,31.
-ct]are + -ër(i)um : anuitier 93,11.
-gl]are + -i]are : veillier 155,8.
-gn]are + c]arum : estanchier 76,20.
-i]are + -cc]are, -gl]are, -arium : conseillier.
-arium *sb.* + -i]are, -ëgrum, -ër(i)um :
chancelier 187,13 ; sentier 82,29 ;
destrier 125,16 ; — *a.* + -c]are : legier
78,78. 136,23.

c]arum *a* + c]are, -gu]are : chier.
-ëgri *a.* + -ër(i)um : entier 75,3.
-*ër(i)um + -ct]are, -ëgri : mestier
93,12. — 75,2.
-ërum *a.* + -arium : fier 125,17.

iere.

c]ara *a.* + -ariam : chiere 14,28.
c]aram *sb.* + -ëtro : chere 8,8. 78,28.
chiere 59,8.
-ariam *sb.* + c]ara, -ëgra, -ërat, -ëtro :
priere 14,29 ; maniere 36,12. 153,17.
— 181,30 ; riuiere 60,4.
-ëgra *a.* +-ariam : entiere 36,13. 153,18.
-ërat + -ariam : yere³) 181,30.
-ëtro + -ariam, c]arum ; arriere 60,5.
— 8,9. 59,8. 78,29.

ierre, erre.

-adrum *sb.* + -ëtra *sb.* : querre : pierre
86,29. ; *vgl.* ere.

ieres.

-ëtro-s + -aries, -ëgras : arrieres :
prieres 149,18. derrieres : perrieres
180,8 ; arrieres : entieres 94,15.

ierres.

-ator-s *sb. m. n.* + -ëtras *sb.* : curierres : pierres 84,21.

iers.

-arie-s *adv.* +-arios, -ëgros : volentiers
31,4. — 26,1. 85,30.
-arii+-arios : deniers 31,17. prisonniers
145,12.
-arios + -arie-s, -arii : charpentiers ;
ouuriers.

---

1) Auffallende Schreibung ; doch sonst z. B. 42,24. : -*ain.*
2) Das *tint* wohl Druckfehler für *tient,* da sonst überall prs. im Satze.
3) Doch *ert* 155,28 u. *iart* 35,16.

-ĕgros + -arie-s: entiers.
-*ĕr(i)os + -ĕr(i)us: mestiers: mestiers 31,1.

iert (ert).
-aerit +-ĕrat, -ĕrit : quiert : ert 155,27. afiert 210,15.

ieue.
-*ĕvat + -*ĕva: grieue: grieue 162,11.

iéz, iés.
-c]atis *prs. i., c.* +-i], -c]atus *p.p.* : priés, dīés: bleciez, conchīés 15,7. 195,24.
-jl]atis *impr.* + -cl]atos : bailliez : trauailliez 74,27.
-gn]atis *impr.* +-e]atis *prs. c.* : daigniez: preigniez 75,24.
-i]atos *sb.* + -c]atus *a.* caleforchiés: trenchiez 89,4.

ignes.
-*ignos *a.* + ymnos: enterignes: hymgnes 41,21.
-ignos +-ignus: signes: benignes114,3.

il.
-iculum + -īlius: peril: fil 29,11.
-ilium + illi : fil : il 192,26.
-illé + illi: mil : il 199,13.

ile, ille.
-*ĕlium *sb. o.* +-*il(i)a: esuangille71,22; — *sb. n.* + -*ila : euangile : nobile 54,28.
-iculet *prs. c.* + -iliam: perille 99,21.
-*ic (il)lum + -*il(i)um: di le 193,30.
-ilat *prs.* + -iliam: avile 193,24.
-iliam *sb.* + -iculet, -ilat, -illam : fille, morille, vegille.

-*il(i)a + -*ĕlium, -illam: mile 71,7. 193,6.
-*il(i)um *n. pr.* +-*ic (il)lum, -illam: Gile.
-illam +-*īl(i)a, -iliam, -il(i)um: vile 48,25. 97,25. — 193,7. — 103,1.

ime vgl. isme.
-imam + -issimam : rime: seintime1,17.

in.
-inem *sb.* + -inum: fin 203,24.
-ino *prs.* + -inum: deuin 118,25.
-inum *sb.* + -inem, -ino, -inus : vin.
-inus *sb.* + -inum : orphelin 35,7.

ine.[1])
-*icunam *sb.* + -inam: narrine 3,14.
-īginem *sb.* + -*īnat: orine 197,31.
-ina *sb.* + -ina, -inam, -inat: doctrine 63,3; pierine 84,13. puazine 191,18.
-ina *a.* +-ina: corine 63,4.
-inam *sb.* + īcunam, -ina: aarsine 3,13; ruine 84,14.
-inat *prs.* +-iginem, -ina : orine 198,1. fine 197,17.

ines.
-inas *o.* +-inas *n.* : voisines : deuines 177,24.

int.
-ēnit *prt.* + -inti : vint : vint 195,7.

ir.
-c]ērs *inf.* + -c]ērs *sb.*: gesir: plaisir 136,5. 95,8.
-*yrum *sb.* +-ire : martir: partir173,29.

ire.
-*ĕjorat (n. Súch., Cornu) + -ĕrium,

---

1) Bei diesem Suffix sind die vielen seltenen Wörter bemerkenswert : *corine* herzlich; *pierine* Gemäuer; *puazine* Gestank; *aarsine* Brand.

-īcere, -"ĭrat : empire 210,27. --
196,21. — 51,30.
-*ĕ(n)ier *sb. n.* + -īcere : sire¹) 48,24.
-*ĕcere + c]ēraın, iram : soffire²) 7,29.
— 43,17.
c]ēram + -ĕcere, -īcere : cire 7,30. —
207,24.
-ĕriam + -ībere, -īcere : matire 17,13.
55,17. 82,15. - 2,18. 63,8. 107,12.
112,16.
-*ĕrium + -ĕjorat : empire 210,28.
-*ĕricum + -ĭcere : mire 201,6.
-ĕrium + iram : cimetire 157,5. 186,29.
-ibere + -ĕriam : escrire 17,14. 55,16.
83,14.
-ĭcere *inf.* + -ĕjorat, -ĕ(n)ior, c]ēram,
-ĕriam, -idere, -irium : dire.
-īdere + -icere : rire : despire 181,10.
-ire (?) + -ŏriam *prs. c.* : muire : muire
192,15.
īram +-ĕrium, -ĕcere : ire 157,6. 186,28.
43,18.
-īrium + -icere : martyre 9,18.

irent.

-*ĕoerunt +-"iderunt, -"iserunt, -"īve-
runt 77,11. 174,8. 201,12. — 182,4.
— 8,2. 26,8. 80,13. 188,4 ; obeïrent :
feïrent⁸) 209,16.

is.

-ĕcem + -īsum : dis 193,28.
-*ĕcium + -ītus : tapis 87,3.
-*g]ēse *sb.* + -īcus, -ivus : puĭs 179,12.
211,12. — 112,17. 121,18.
-*ēsi *p. p.* + -ēsum, -ēsus : pris 74,7.
93,3. — 28,6.

-*ēsum + -ĕsi, -ĕsus, -ĕtium.
-*ēsus +-ĕsim, ĕsum, -ĕtium : 28,5. —
12,17. 12,17. 185,8. — 125,6.
-ĕtium +-ĕsum, -ĕsus : pris 102,9. —
125,5.
-īcem + -itus : empereriz 192,30.
-īci + -isum : amis 42,12.
-īcos + -isum, -isus : 5,23. 45,30. —
144,23.
-īcus + -ēse, isum : Loĭs 179,23. 211,11 ;
amis 131,17. 137,30.
-iso + isum : deuis 3,30. 51,20.
-isum *sb.* + -ĕcem, -iso, -ivus, -i(u)s :
paradis : vis ; — *p. p.* + -ıci, -icos
-icus, -iso : 52,11. — 5,24. 45,30. —
131,18. 137,29. — 3,29. 51,21.
-isus *p. p.* + -icos : 144,24. 186,20.
-itus *p. p.* + -*ĕcium, -itus *n. o.*
87,2. — 57,19. — 50,22 ; — *sb. pl.*
n. + -itus : esperiz 57,18 ; — *sb. pl.*
o. + -itus : esperiz 50,21.
-ivus+-g]ēse, -isum : naĭs 112,16. 121,17.
140,22 ; vis 109,21.
-*i(u)s *adv.* + -isum : jadis 1,10. 77,13.

ise.

-ēsa + -*ĕsiam, -isiam : 17,24. 32,12. —
180,24.
-*ĕsiam +-ēsa, -īsam, -isa, -isam, -itiam,
*isat : eglise.
-ĕtiat + -*ĭsat : prise 131,4.
-isa, -"īsam *p. p.* + -ĕsiam : 22,8. —
15,16.
-isiam *sb.* +-*ĕsiam, -*itiat : guise 116,9.
deuise 141,23 ; guise 202,30.

---

1) Vgl. Schulzke : Betont *ĕ+i* u. *ŏ+i* im Norman. S. 13.
2) ibid. S. 14 ; — 71,26 hier : *soffire : mere.*
3) Diese Form würde zu Thomsens Annahme stimmen (Rom. V, 64 :
ĕ+i en fr.).

-isat + -*isiam, -*itiat, -isiam, -itia:
deuise 39,12. 128,16; atise 131,3. —
179,4. — 151,19.
-isiam + -ēsa, -*isat, -ītiam: chemise
180,23. — 179,5. — 20,27 121,6.
-*ītia + -*īsat: conoitise 151,8.
-*itiam + -*ēsiam, -īsiam: feintise.
-*ītiat + -īsam: iostise 202,31.

isent.

-isant + -issent: deuisent: auenissent
106,7.

ises.

-*isas p. p. + -ĕsias, -isias: mises:
iglises 208,15. — chemises 121,1.

isme.

-ipsimam + -issimam: meīsme : sentisme 52,7.

ismes (imes).

-īmus + -ipsimas, ipsimus : primes
88,28. — 154,30.
-ipsimas + -īmus: meismes 88,27.
-ipsimus + -imus, -*ixīmus 154,31.
— 73,23.
-ipsimus + -issimas, -issimos 142,1.
— 42,19. 48,22.
-*ixīmus prt. + -ipsimus : deīsmes
73,24.

ist.

j]acet + -iste: gist: cist 14,21.
-ēsit + -isit: prist 50,1.
exit prs. + -isit, -iscit : ist 199,23;
— 191,26.
-iscit + exit: gemist 191,25.
-isit + -esit, exit, -isset: requist 199,24;
— mist 50,2; — obeist 34,20. esbahist
99,13. mist 117,1. sist 44,1.
-isset + -isit: cloist 34,19. voūsit 46,31.
veīst 99,12. vomist 116,31.

Ausg. u. Abh. (Fōlster).

istrent.

-ēserunt + -*ixerunt: pristrent: beneistrent 168,16.
-iserunt + -ixerunt: remistrent 76,31.

istes.

-istes + -istis: tristes: venistes 172,14.

it.

-ŏctum sb. + -idit: lit 200,15.
-icit + -īdit: dit 66,31. 205,11.
-icti + -ictum p. p.: 75,22. 107,10.
-īdit + -ŏctum, -icit: vit.
-īpsit + -iptum sb.: escrit: escrit 18,3.
-iptum + -istus n. pr. : escrit : Crist
20,18. 73,19.
-iptus + -istum: escrit: Crist 171,29.
-*itti a. + -īctum p. p. petit: dit 67,19.

ite.

-ĕcta + -*ittam : desconfite : petite
177,16.
-iota + -ipta p. p.: 27,6. 80,23.
-iptam + -*itta: escrite: petite 54,15.

ites.

-*itas prs. + -*itos: aquites : merites
133,13.

iue.

-*īpat prs. i. + -ivam: eschiue: chaitiue 6,4.

iure.

-ebrius + -iber: iure: deliure 146,27.
-ibera a. + -ivere: deliure 53,21.
-īberam a. + -*ibrum: 46,16.
-*ībrum + -īberam, -ivere: liure 46,15.
— 77,26.
-ivere + -ībera, -ibrum: viure 53,20.
77,27.

iures.

-ēbrius + -iber: iures 201,24.

2

-ïber + -ēbrius, -iber:deliures201,23.
— 120,13.
-*ïber sb. + -īber, -ibras:liures 120,14.
— 18,17.
-iberi a. + -ībras: deliures 145,15.
-ibras sb. + -*ïber, -ībari: liures 18,18.
— 145,14.

oble.
-*öbilem sb. + -*obilem a.: mueble: noble 27,25.
-öpolem + -*öbilem:Constentinoble: noble 180,27.

oeue, ueue.
*ïduvam + -ŏpat, -*opo:vuene:troeue 206,31. trueue 77,14.
-ŏba a. + -*ovat:proeue:esmoeue162,3.

oeure, ueure.
operam + -ŏperat, -ŏperi *imperat*.,
-ŏpero : oeure : oeure 54,29. 37,10.
25,13;descueure160,9; cueure154,21.

uer.
-ŏr sb. + -ŏris:cuer: despuer 37,5.[1])

uet.
-*ŏpet + -ŏtet:estuet: puet 194,25.

oër, er.
-*ŏrium sb. n. + -*ŏrium o.:miroër:
terroër 23,12; + -are:ouroër:ioēr 55,24.

oi, ei, ai.
1) -acum + ēgem : verai 44,6.
-*ēdum + -ēgem:desroi 179,15.
-ēgem + -acum, -*ŏdum: roi 44,7. —
179,14.

2) -ago + -ē: esmoi:moi 65,3. 169,6.
3) -ēbeo + -ōcum, -igitum: dei 112,8.
doi 101,24.
-ēcum + -ēbeo: Soudei 112,9.
-ïgitum + -ēbeo: doi 101,25.

oie vgl. aie.
-acam sb. + -ïam: poie 40,22.
-*audiam + -ēbam, -ētam, -ïam, -ïcat,
-ïdeat:ioie 193,29. — 10,6. — 62,17.
80,9. — 80,9. — 174,4.
audiat + -ïdeat:oie 48,12.
-ēbam cond. + -ïam: feroie 194,21; —
impf. + -audiam : esperoie 193,29.
-ētam a. + -audiam: coie 10,7.
-ïa *impr.* + -ïam: envoie 197,3.
-ïam sb. + -acam, -audiam, -ïa, -ïat,
-ïd(e)at.
-ïat + -ïam:57,31. 66,10. 97,7.
-ïcat + -audiam: lermoie 80,10.
-ïd(e)at + -audiam, audiat, -ïam:
voie 174,5. — 48,10. — 56,15. 135,12.
186,4.

oient, tient.
-*abeant + ēbant:aient 38,25.
-agant + -ïdent:esmoient 13,16.
-*ēbant *impf.* + -ēbant *impf. u. cond*,
11,2. 22,10. 40,6. 60,9. etc. 147,4.
-ēbant *impf.* + -*qbeant, -*ēbant,
-ēbant 38,24. — 11,3. 22,9. 40,7.
60,8. — 70,29. 103,5.
-ēbant cond. + -ēbant, -*ēbant.
-ïant + -ēcant, -ēdunt: soient:proient
197,17. saient: craient 38,20.
-ïdent + -agant, -ēbant: voient 13,5.
— 82,7.

---

[1]) Seltene Form für nfrz. *dehors*; La Curne d. Ste-Palaye kennt dieselbe nicht; Godefroy auch nur in diesem einen Falle.

oies.

-*audias *sb.* + -ĭas *sb.* : ioies : voies 133,28.
-ēbas + -ĭas *sb. n* : cheminoies : voies 162,15.
-ĭas *prs. i.* + -ĭas *p. e.* -ĭas *sb.* : enuoies 155,14. — 192,22.
-ĭas *prs. c.* + -ĭas, -*ĭd(e)as : soies.
-ĭd(e)as *prs. c.* + -ĭas : voies 138,5.

oigne.

-*ongiam *sb.* + -ōniam, *onii : aloigne 193,18. — 25,29.
-ongĭat + -*ūniam : esloigne.
-*ŏnii + -ongiam : chanoine 25,28.
-ōniam + -ongiam : charoigne 193,17.
-*uniam + -ongiat, -*uniat, -undiam, -besoigne 63,11. — 11,11. 25,24. — 153,27.
-*ŭniat + *ūniam : besoigne 25,25.
-undiam + *ūniam : vergoinne 153,28.

ointe.

-ognĭtam + unctam : acoĭnte : ointe 132,18.

oir.

-ēre *inf.* + -ēre *sb.*, -ērum, *sb.* u. *a.*
-ēre *sb.* + *a.* : manoir 1,3. auoir 18,19. sauvoir 70,7. nŏnchaloir 197,25. ardoir 167,23.
-ēram *sb.* + *a.* + -ēre : voir 35,26. 46,19. — 9,21. 10,21. 10,16.

oire vgl. aire.

-ēdere + -ēra : croire 18,5.
-ēra *sb.* + -*yterum : voire 157,19 ; — *a.* + -ēdere, -ŏriam : voire.
-ēram + -*yterum, -ŏriam.
-ērat *prs. i.* + -*ŏriam : espoire 194,12.
-ŏria + -*ŏriam : esteire 203,16.

-ŏriam + -ēra, -ēram, -yterum : mémoire 66,27. 96,25. — 174,21. — 41,18.
-*ŏriam + -ērat, -yterum, -ŏria : gloire 194,13. — 204,7; tempoire 203,15.
-*yteri + -*ŏriam : prouoire 41,17.
-yterum + -ēra, -ēram, -*ŏriam ; 85,3. — 97,12. 159,20. 208,10. — 157,20. — 204,6.

oirre vgl. erre.

-ītrium + -ītrum : auoirre : voirre 54,22.

ois.

-*ēetos + -igĭtos : drois : dois 190,3.
-ēsum + -īsos : pois : pois 175,17. 196,4.
-īces + -ides : fois : foiz 196,29.

oisse.

-*oscam + -ustiam : troisse : angoisse 65,9.

oissent.

-oscunt + -ustĭant : cōnoissent : angoissent 202,28.

oistre.

-austrum + -*ēsor : cloistre : anchoistre 202,2.

oit (eit, et).

-*ēbat *impf.* + -ēbat *impf.* 9,3. 23,22. 53,3. 51,26. 129,19 etc.
-ēbat *cond.* + -*ēbat *imp.* -*ēctum 96,1. — 147,20.
-ēbet + -ĭgitum : 189,29.
-ēcte + -ēctus : orendroit : droit 91,15. 168,18.
-ēctum + -ēbat : endroit : vendreit 147,21.

ole.

-*aulam + -ŏlam, -ŏlat : parole 113,14. — 136,2.

-ŏlem+-*aulam, -ollem:escole 136,3.
— 131,14.
-ŏlat + -aulam:vole.
-ollem + -ŏlam:fole 131,13.

omme, ome.
-ōmam + -ōminat: Romme 24,12.
-ōminat + -ōmam, -ŏminem : nomme 24,11. — 89,1.
-ŏminem +-ōminat, -ōmodo, -umma : (hom(m)e 200,17¹). — 152,9. — 88,29.
-ōmodo + -ŏminem, -omnum : comme 152,8. — 209,4.
-omnum + ōmodo:somme 207,3.
-umma + -ŏminem:somme 200,16.

on (en).
-amus prs.+-ōnem, -ōnum : 9,23.41,23. 59,26.148,29. 165,6. 157,28. — 107,2;
— *impf.* +-*amus cond.*: estien 23,16;
— *cond* +-amus *impf.* -onem: viurion 23,15.
-*ōmen sb. +-ōn: non : non 35,10. 200,7.
-ōmo + -ōnem , -ōnum : hom 201,10. on 193,25.
-*ōne adv. + -ōnem : enuiron 198,29.
-ōnem sb. m. + ōne, -ōni : giron 190,28. centurion 111,18; — sb. f.
o. + -*amus, -ōnem, -ōnes; — sb.
f. n. + -amus, -onem, -onem. — 41,24. — 111,17. — 134,18.
-*ōni sb. pl. + ōnem, -ōnum : macon 101,27. brandon 105,17. — 105,11.
-onum+-*amus, -ōmo, -ōni, -unum: ton 107,1. — 193,26. - 105,10. don 105,16. — 67,25.
-unum + -ōnum : Chetiaulandon.

onde.
unda sb. + -unda a.: onde 108,13.

-*unda sb. + -undam : aronde : ronde 125,29.
-unda a. + -unda, -undum , -undus: parfonde; monde 4,8.
-undat + -undum: suronde 199,28.
-undum +-unda, -undat:monde 26,18. — 199,27.
-undus + undam:monde.

onge.
-ōnium + -omnium:menconge:songe 138,30. 148,19.

onne, one.
-ōna+-*ōn(i)um: persone: prone168,26.
-ōnam +-ōnat: Peronne:donne 211,19.

ons.
-amus + -ōnes:28,24. — 21,30.
-ōnes sb. m. +-amus, -onsos:lions 28,23. sermons 24,20; — sb. f. + -amus, -*ōnem-s:21,31. — 24,29. — 138,21. 23,31.
-*onem-s sb.f. + -ones: resons 23,30;
— sb. m. +-ones:champions 138,20. saisons 24,30.
-onsus + -ones:semons 24,19.
-undus sb. + -undus a.:fons : parfons 56,7.

ont.
-abunt + -ōnet : ont: semont 113,24.
-undus + -ontem:parfont:mont 98,9.

onte.
-omputat + -omputum : conte 54,18. 106,11.
-*omputum sb + -omputat, -ontat.
-*ōnita sb. +-*ontat: honte 154,14.
-ontat+-omputum,-*onita:seurmonte 33,21. monte 154,15.

---

1) 101,27 l.: quil set nul home st.: quil nest nul home.

or.

1) **-aurum** + **-aurus**: or : tresor 135,7 + ∞
23,24.
2) **-ornum** *adv.* + **-ornum, -urrem** : entor
: tor 183,11. — 105,2.

orce.

-*ortia, -*ortiam + -*ortiat : force : es-
force 153,7. — 134,28.

orde.

-ord(i)am + -ordat : misericorde : acorde
4,14. 124,17. 157,11.

ordes.

-*ŏrdas + -urdas : bordes : sorder 113,10.

orent.

-*ăbuerunt + -*ŏtuerunt : orent : porent
10,8. 13,28. 71,1.
-urrunt + -ŏrant, -urrant : corent :
plorent 109,18. secorent 13,12.

orne.

-ŏrdinem *adv.* + -*ŏrna : aorne : morne
57,1.
-*ornus + -ornat : morne : destorne 131,1.

ŏrs.

1) -ŏris + -ŏris, -orpus : alors 60,1. —
188,6.
-orcus + -orpus : pors 190,9.
-ŏris *adv.* + -ŏris, -orpus 60,2. —
50,27. 61,31. 162,13. 190,30.
-orpus *sb. o.* + -ŏris, -ŏris, -orcus.
2) -*ortus + -ortuos : effors : mors 204,16.

ŏrs.

-urdus *a.* + -ursus : sors : Sors 167,19.
-ursus *sb.* + ∞ cors : secors 169,29.

ort.

-ortem *s.* + -ortem *a.* -ortui, -ortuus :
mort 126,10. — 28,29. — 85,19. 86,12.

-ortem *a.* + -ortem, -ortum : fort 126,12.
— 141,13.
-ortes + *ortos : forz : efforz 74,9.
-ortui + ortem : mort 28,30.
-*ortum *sb.* + -ortem, -ortes, -ortuus :
confort 141,12. effort 170,5. 84,26.
-ortuus + -ortem, -ortum, -urgitem.
-urgitem + -ortuus : gort 53,13. 58,20.

orte.

-orta + -ortat : porte : porte 1,7.
-*ortat + -ortua, conforte : morte 4,10.

oste.

-sustat + -ostam : oste : coste 76,12.

ostres.

-oster-s + -ostulus : nostres : apostres
38,11.

ot.

-abat + -abuit, -*ottum 59,22. 78,7.
— 112,13. 147,13.
-abuit + -abat, -apuit, -*ottum.
-acuit + -ŏtuit : plot : pot 45,14.
-apuit + -abuit : sot 141,18.
-*ottum + -abat, -ŏtuit, -abuit : mot
112,12. 147,12; pot 98,4; Guillot
139,6.

ouche.

-ŏccam + -uccam : souche 188,14. 210,18.
-*ŏlocat + -uccat : couche 195,28.
-*ŏpiat + -uccat : aprouche 126,13.
-uccam + -ŏccam, -uccat : bouche.
-uccat + -*ŏlocat, -*ŏpiat, -uccam :
touche 195,27. — 126,14. — 3,19.
50,6. 114,10 etc.

ourt.

-ohortem + -urgit : court : sourt 204,20.

ous.

-ausi + -*avos : enclous : clous 39,23.

ouse, ose.
-ausa + -ulsat: chouse: pouse 132,13.
-ausam sb. + -ausam, -ausat, -osa: chose; — p. p. + -ausam: enclouse 152,15.
ausat + -ausam: ose 196,1.
-ŏsa, -ŏsam sb. +-ausam: rouse 78,19; rose 198,31.

ousse.
-olsam +-ossa: asousse: grousse 165,28.

oust.
-ausit + -*olsit: clou[s]t 161,16.
-*olsit + -ausit, -*ostó: voust 161,17; asoust 165,26.
-*östatum sb. + -ustum: coust: aoust 97,18. 162,30.
-*osto (n. Burg.) +-olsit: toust 165,27.

ouste.
-östa + -*östat: touste: couste 131,23.

oute, ote.
-ubitam + -utta, -yptam: doute 78,3. — 31,28; dote 30,5.
-ubitat + -uttat: redoute: degoutte 195,18.
-utta sb. +-ubitam, -*utta: goute 78,4. — 58,26.
-*utta pr. + -ubitam, -utta: toute.
-yptam + -ubitam: crote 40,4.

outes.
-übites + -ultas: doutes: escoutes 133,28.
-uptas + -uttas: routes: goutes 39,23.

u vgl. us.
-ū + -utem: tu 113,16.
-*uit + -*úm: fu: Jhesu 200,10.

-ūtem sb. n. + - utum: salu 158,19; — sb. o. -u, -utem.
-uti p. p. + -utos, -utum 30,2. 42,27. — 56,30. 72,1.
-ūtos + -uti, -utum, -utus 30,1. 42,28. — 15,23. 118,24. — 33,31. 39,10.
-ūtum + -utem, -uti, -utos.
-ūtus + -utos, -utum 38,30. 39,9. — 24,16. 30,15. 79,3.

uche.
-*ūocat + -ūtivam: alúche: huche 175,27.

ue.
-ūbem + -utam: nue 104,26.
-ūdam + -utam: nue 121,8.
-ūgam + -uta, -utam: rue 56,4,14.
-*ūta sb. + *uta: desconvenue 22,31. veue 111,10. 113,15; — a. +-*utam: molue 121,31; — p. p. + -ūgam, -uta, -utam, -uṭat.
-*utam sb. + -ubem, -*utam: essue 104,25; veue 119,26. desconvenue 123,24; — p. p. + -udam, -ugam, -uta 121,7. — 16,17. 64,30. — 121,30. — 52,3. 207,17.
-ūtat +-uta: argue 134,1. remue 131,26.

uie.
-*ŏdiat + -*ŏcitam: ennuie: vuie 43,19. 131,22.
-*ŏvia[1]) sb. +-ŏdiat: pluie: ennuie 82,2.

uis.
-*osco + -oscum, -*ūteus: truis: puis 7,19: puis 83,22. — 98,5.

uit.
-ūcit +-uctum: conduit: conduit 105,22.

---

1) Vgl. Havet. Roman. III. S. 327.

-ūgitum + *ūtti : bruit : tuit 182,1.

ume.

-*ūmam + -ūminat ; costume : alume 95,17.

ument.

-*umant + -ūminant : costument : alument 3,5.

un.

-unc + -ūnum *sb.* : dum : Chestiaulandun 81,4.
-ūnem *a. m.* + -ūni, -ūnum : commun 209,11. — 156,28. 161,11.
-*ūni + -ūni : commun 69,3.
-ūni + -unem, -*upi : un 69,4. — 209,12.
-ūnum + -unem : un 156,24. 161,15.

ur.

-ūrium+-ūrus : eūr : seūr 123,17. 137,18.

ure.

-ura *sb.* + -ūram : auenture 89,2. 91,3; — *a.* + -ūram : 18,30. 57,10.
-ūram *sb.* + -ūra, -ūrat ; — *a.* + -ūra, -ūrat 119,17. 196,9.

-ūrat + -ūram : dure 155,4. 189,5.

urent.

-*ūerunt (*primār*) + -*ūerunt (*secundār*) acorurent : quenurent 11,1. 26,36. corurent : eslurent 76,5. : esmurent 118,8. furent : esmurent 103,10. 114,4. : burent 28,12; durent 146,2. : geūrent 68,11. : esturent 70,11. : ensurent 188,16.

us vgl. u.

-*ūlus+-*ūtos, -*utus : nus 29,9. — 71,16.
-us + -ū(r)sum : plus : sus 197,19.
-ūti *p. p.* -ūtus : venuz 114,29.
-ūtum *p. p.* + -utus : veuz 18,2.
-ūtus + -*ulus, -*uti, -*utum.

use.

-ūsa + -ūsat : confuse : escuse 163,14.

ut.

-ūit (*prim.*) + -*uit (*sek.*) fut 164,27. + ∞ : 6,20.
-*ūit (*sek.*) +-ūit (*prim.*) : but 164,28. + ∞ : 77,24. 113,30. 127,9. 144,5.

LAUTLEHRE.

I. Vocalismus.

A. Betonte Vokale.

Lat. *a*.
= frz. *a*.
1. $a^e = a^{ce}$: *al (mal) as (as)*.
2. $a^{ce} = a^e$: *al (aval) as (donnas)*.

= frz. *a$_n$*.
3. $a^{ce} = \bar{e}^{ce}$: *ame (ame) ance (doutance) ant (effant)* = i^{ce} : *ante (chante)* = $\check{o}^{re}$: *ame (ame)*

= frz. *ai, ei (oi)*.
4. $a^v = a^c, a^{ce}$: *ei (lei) aie (laie)*.
5. $a^c = a^v$: *ei (delei)* = a^{ce} : *ai (Prunai)* = $\bar{e}$: *oi (esmoi)* = $\bar{e}^v$: *aie (veraie), aient, aies* = $\check{r}^v$: *oie (poie)* = $\check{r}^v$: *aie (plaie)*.
6. a^{ce} = *$^*a^v$: *ei (sei)* = a^e : *ai, aise (mesaise)* = $\bar{e}^v$: *eite (deffeite)* = e^{ce} : *aire (contraire)* = $^*\check{r}^v$: *ais (Gatinais) eiue (eiue)* = i^{ce} : *eire (deteire)* = ∞ : *aille, aillent* etc.

ai u. *ei* stehen also, ähnlich dem Normannischen, ganz promiscue. Ihr Lautwert ist gleich è oder é, da sie sowohl diesem oft gleichgestellt (*tret : treit* 60,21, *meffere : repaire* 183,22) als auch mehrfach mit *oi* gebunden werden, was damals schon *oé* oder *oè* lautete, vgl. Rossmann : franz. *oi* S. 35. — *poie, esmoi* ist umgekehrte Schreibung, die sich im Centralfrz. häufig findet.

Ob für *aille* ein Diphthong anzusetzen ist, scheint mehr als zweifelhaft, da es nie mit *eille* bindet, und *ai* u. *ei* doch sonst überall durcheinander geworfen werden. Für *eille* scheint es möglich, da sich hierfür einmal *oille* findet [118,19] was ja zu Neumann's Ausführungen passt (Zur Laut- und Flexionslehre des Afrz. S. 31) doch sehe ich nicht ein, weshalb man, einen *ei* Diphthong wirklich vorausgesetzt, darum auch *ai* als eine solche Aussprache belegen muss.

= frz. *ai$_n$, ei$_n$*.
7. $a_n = a_{ng}, a_{nct}$: *aint (maint)* = $\bar{e}_n, \check{i}_n$: *ain (sain)* $\bar{e}_n, \check{i}_n, \check{o}_n$: *eine (seine)* = $\check{i}_n$: *ains (mains)*.
8. $a_{ng} = a_n, a_{nct}$: *aint (plaint)* $a_{nj} = \bar{e}_{nj}, \check{i}_{nj}, u_{nj}$: *aigne (ouuraigne)* $a_{nct} = a_n, a_{ng}, i_{nct}$: *eint (seint)* = i_{ng} : *eins (seins)* i_{nct} : *ainte (plainte)*.

Auch hier sind *ai* u. *ei* ganz gleich; doch muss die alte diphthongische Geltung hier schon im Verschwinden sein. Vgl. folgende Bindungen:

ouuraigne: *apraigne* 19,3 : *besoigne* 150,21; *pleine* : *essoine* 66,7; *siene* 198,21.

= frz. *au*.

9   $a^e = a^{re} : aut$ (*saut*) $= e^{eo}$: *au* (*reau*) *aux*: (*paroissiaux*) = i^{ec} : *aus* (*leiaus*).

10. $a^{ec} = u^e : aut$ (*saut*) $= e^{eo}$: *aumes* (*paumes*) = *e^{eo} : *auz* (*hauz*).

= frz. *o*.

11. $a^o = a^{ec}$, $o^{ec} : ot$ (*habitot*) o^{ec} : *orent* (prt).

12. $a^{eo} = a^{ot}$, $o^o : ot$ (prt).

Noch 4 Fälle von altem *ot* im impf., dazu 1 Fall im Verse: *criot* 49,21.

= frz. o_n.

13. $a_n (+ u) = \tilde{o}_n : on$, *ons* (*lisons*) $= \tilde{o}_n : ont$.

= frz. *é*.

14. $a^o = a^{ec} : ere$ (*auere*) = $\check{e}^v : \acute{e}$ (p. p.) $= \check{e}^t : erent$ (*fonderent*).

15. $a^{eo} = a^o$, $e^e : ere$ (*mere*). Zu *mere*: *misere* 200,8.
   pere: *desespere* 172,19, vgl. Förster, Einleitg. zum Chev. as d. esp. S. 35.

= frz. *è*.

16. $a^e = e^{eo}$: *eles* (*teles*) *es* (*les*).

16 a. $a^{re} = \check{e}^v$, i^{ec} : *eite* (*deffeite*, *treite*) *ere* (*pere*) = e^{eo} : *es* (*fes*) *esse* (*lesse*) *estre* (*nestre*).

Beachtenswerth sind folgende Bindungen:

ouur[e]oer : *ioĕr* 55,24.
   brese : *remese* 176,19.
   querre : *pierre* 86,29.

= frz. e_n.

17. $a_n = e_n : ende$ (*offrende*) *ens* (*suens*).

= frz. *ié*.

18. $a^o = ae^e : iée$ (*hetiée*).

19. $a^e = \check{e}^v$, $e^{ec} : ier$ (*destrier*) = e^{eo} : *iere* (*maniere*) *ierres* (*auersierres*).

= frz. *ien*.

20. $a_n = \check{e}_n : ien$ (*chien*).

= frz. *ou*.

21. $a^o (+ u) = au^e : ous$ (*clous*).

Lat. *e*.

= frz. a_n.

22. $e_n = a_n$, $o_n : ame$ (*fame*) $= a_n : ance$ (*puissance*).

Die Schreibung *fame*, welche sich hier ohne Ausnahme findet, ist dem Francischen und Burgundischen eigen, aber selten im Westen und Norden, wo meist *femme*. Dagegen findet sich umgekehrt stets *gemme*, doch auch mit *a* Klang.

Im Ganzen werden also *an* + Cons. und *en* + Cons. auseinander gehalten. Die Wörter auf *ance* = lat. *entia* sind nur scheinbare Ausnahmen, da *puissance* und *porveance* erst aus dem französischen Adjektiv neu gebildet sind; *penitance* ferner, was gelehrt, verdankt sein *a* wohl einem volkstümlichen ähnlichen Worte *peneance* was zum provenzalischen *penedir* und der Form *penteiet* in der Jonashom. gehören würde. Eine wirkliche Ausnahme ist jedoch *offrende*, was 2 mal, 112,3. 120,25 : *deffende* gebunden ist.

Ferner findet sich noch sonst vereinzelt *an* für *en*:
sant 156,30; im Vers *tanpeste* 14,22. *santine* 185,2, *anfans* 64,1.

= frz. *au*.

23. $e^{cc} = a^c : au$ *(fleiau) aumes (Guillaumes) eaux (tropeaux)*.

= frz. *é*.

24. $\check{e}^v = a^c : e$ *(de)*.

25. $\check{e}^v = a^c : erent = a^{cc} : ere$ *(misere)* $= ae^c : ert$.

26. $\bar{e}^v = a^{ee} : ere$ *(desespere)*.

= frz. *è*.

27. $\bar{e}^{c*} = a^{cc} : ete$ *(prophete)*.

28. $\check{e}^v = e^{cc} : ert^{**}$.

29. $e^{cc} = a^c : eles$ *(celeles) es (les)* $= a^{cc} : es$ *(confes) esse, estre* $= ae^{cc} : este$ *(moleste)* $= \check{e}^v : ert$ *(desert)* $= i^{cc} : elle$ *(pucelle) ette (degette) estre, esque, erre*.

* Wegen *-ĕbat* = *-ittum* vgl. § 51 Anm.

** Für *ert* hier also schon *é* anzunehmen. Einmal findet sich auch noch die alte Form *yere* 181,31; eine dritte Form endlich ist *iart* 35,15. Ein solcher Uebergang von *e* zu *a*, besonders vor *r* ist bekanntlich namentlich im Centralfrz. häufig. Vgl. Metzke: Der Dialekt von Jsle, de Fr. S. 10, Talbert: Du dialecte blaisois 163 ff.

Hier findet er sich ausser diesem Falle im Reim nicht und auch sonst nur wenig: *agraable* 130,17, *saart* 98,22, *sarmonné* 25,26, *darreniers* 79,18. 183,6.

= frz. e_n.

30. $e_n = i_n : ence$ *(science), endre (tendre) ens (dens) ent (couvent)* $= o_n : emme$ *(gemme)*.

= frz. ei_n, oi_n, oi_n.

31. $\bar{e}_n = a_n : ein$ *(plein) aine (plaine)* $= oe_n : oine$ *(auoine)*.

32. $\bar{e}_{nj} = a_{nj} : eigne$ *(apreigne)*.

= frz. *ue (ue)*.

33. $\check{e}^v (+ u) = \check{o}^v : ueve$ *(vueve)*.

34. $e^{ca} = \check{o}^{cc} : eulz$ *(veulz)*.

= frz. *ié*.

35. $\check{e}^v = a^c$, $a^{cc} : ier$ *(hier)* $= ae^c : iert$ *(afiert)*.

36. $\check{e}^{vc} = a^c : ier$ *(entier) iere, ierre, ierres* $= *ae^{cc} : ierres$ *(pierres)*.

= frz. ie_n.

37. $\check{e}_n = a_n : ien$ *(bien)*.

= frz. *i*.

39. $\bar{e}^v$ (nach gutt.) $= \bar{\imath}^v : i$ *(merci) ile (esuangile) is (pais)* $= \bar{\imath}^{cc}$, $\check{e}^v : ire$ *(cire)* (vor *n*) $= *i^{cc} : int$ *(vint)* $= \bar{\imath}^v : ie$ *(serie)* (nach Analogie) $= \check{e}^{vc} : is$ *(pris) ise* $= \bar{\imath}^v$ *ist (prist)* $= \bar{\imath}^{cc} : ire$ *(sire) istrent (pristrent)*.

40. $\bar{e}^{ce} = \bar{\imath}^{cc} : iure$ *(iure)*.

41. $\check{e}^v$ (guttt.) $= \bar{\imath}^v : ient$ *(prient) is (dis)* $= \bar{\imath}^{ce} : ire$ *(enpire) ist (gist)* $= e^{cc} : ire$.

42. $\check{e}^{vc} = \bar{e}^v : ire$ *(soffire) ise (eglise)* $= \bar{\imath}^v : ire$ *(soffire) is (pris) ist (ist) it (lit)* $= \bar{\imath}^{cc} : ice$ *(nice) ire (matire) ise, ite (desconfite)*.

Einmal findet sich auch *les* für *lits* nämlich 91,26: *alés*.

Gegen Schulzke's Ansicht möchte ich *empire* doch von *impĕrium* herleiten, wegen der häufig vorkommenden Schreibung *empiere* S. 32 seiner Diss. »$E+i$ und $ŏ+i$ im Normanischen« scheint er auch selbst zu schwanken.

Zu bemerken ist, dass *ĕriam*, *ĕrium* mit Ausnahme von *mestier* stets *ire* lautet.

= frz. *oi* (*ai, ei*).

43. $\bar{e}^a = a^c : oi$ (*moi*).

44. $\bar{e}^v = a^o : oie$ (impf.) *aies* (impf.) (*craies*) *aient* impf. = $au^{cc} : oie$ (*coie*); = $\bar{e}^{cc} : ei$ (*Soudei*) *oire* (*voire*) = $i^o : ois$ (*pois*); = $\bar{v}$: *oie* (*fcroie*) *oies* impf.; = $\bar{v}^{cc}$ (comb. gutt.): *oit* (*doit*) = o^{cc}: *oire* (*voire*).

45. $\bar{e}^o = \bar{v}$: *oient* (*proient*).

46. $\bar{e}^{co} = \bar{e}^v : ei$ (*dei*) *oire* (*croire*); = *au^{co} : oistre (ancho-istre) $\bar{v}^{cc} : oit$ (*droit*).

$ŏ$ ist also nicht, wie im Normanischen *ei* geblieben, Reime wie $\bar{e}^v : \bar{o}^{cc}$ *voire : estoire* sind ja im Norm. nicht möglich.

In Bezug auf den Lautwert des *oi* gilt das § 5 Gesagte. In der 3 s. imperf., die übrigens nie *eit* zeigt, findet sich öfter einfaches *et* geschrieben, aber nur, wie Rossm. S. 132 (Rom. Forsch. 1 H. eft) treffend bemerkt, nach vokalischem Stammesauslaut und fast nur sich gebunden, nämlich 14,19. 114.6. 130,7. (vgl. § 51 Anm.) — Zu merken: *voair : porvoair* 77,23: *soair* 118,17. Wohl erstes *e* gefallen und *oi* zu *oe*, *oai* geworden, darum ist *oai* hier 2 silbig.

Lat. *i̯*.

= frz. a_n.

47. $i_n+c = a_n+c :$ *ante* (*soixante*).

= frz. ai_n, ei_n.

48. $\bar{\imath}_n = a_n : ain$ (*sain*) *aine eine* (*meine*) *ains* (*mains*); = $\bar{\imath}_{ng} :$ *einent* (*meinent*).

49. $\bar{\imath}_{ng} = \bar{\imath}_n :$ *einent* (*atteinent*)* = $a_n+c : eins$ (*seins*) *eindre*; = $a_{nci} : eint$. *einte* (*esteinte*).

* Auffallende Form, da *n* hier nicht palatal.

= frz. *au*.

50. $i^{cc} = a^c : aus$ (*seiaus*); = $a^{cc} : aus$ (*vermaus*) *auz consauz*)*.

* Centralfranz. Form, während das Norm. *conseiz* haben würde.

= frz. *è*.

51. $i^{cc} = e^{cc} : elle$ (*ancelle*) *esse* (*messe*)* *ette* (*mette*) *estre* (*senestre*); = $a^{cc} : ette$ (*fillete*) = ∞ : *estes*.

* Für *itia* findet sich neben gewöhnlicherem *esce, esse* auch einmal das normannische *eice*, nämlich 98,11. *parfondeice : adreice*. Andrerseits *boucheite : pucellete* 58,30. Eine weitere beachtenswerte Bindung ist *muët : remuët* (impf., vgl. § 46 Anm.) 35,17. 112,25 wo also entschieden lat. *ittum* mit offenem *e* gebunden ist, was bei Guillaume, le Clerc de Normandie nach Seeger nicht vorkommt.

= frz. e_n.

52. $i_n = e_n : en\text{-}ce$ (*sen ce, en ce*) *endre, (mendre), ent (souuent) entre (entre) enz (dedenz)*.

= frz. *i*.

53. $\bar{v} = \bar{v}^c : ie$ (*espie*).

54. $\bar{v} = \bar{e}^c : i$ (*ci*) *ie* (*erdormie*) *ile* (*nobile*) *is* (*nais*) *ist* (*mist*);

= $\bar{e}^{cc}$: is (estapis) ise; = $\bar{e}^c$: ient (crient) is (paradis); $\bar{e}^{cc}$: ise (mise) ist (requist) it (vit); = $\bar{\imath}^r$: ie (amie); = i^{cc} : ime (rime) ine (orine) ire (ire) ise (guise) isent (deuisent) ites (merites).

55. i^{cc} = $\bar{e}^c$: ire (dire) ise (chemise); =$\bar{e}^{cc}$:istrent(pristrent) iure (deliure); = $\bar{e}^t$:ist (cist); = $\bar{e}^{cc}$:ice (mallice); = $\bar{\imath}^r$: ime (sentime) ire (desprire) it (dit) istes (venistes).

Zu nobile = *nobilia, vgl. Ba. Chrestom. 41,28, ferner im Alexius Strophe 3 nobilitet und nobli im Alex. Fragment. Ebenso findet sich oft milie und es ist gänzlicher, wirkungsloser Schwund des 2. i anzunehmen. Dasselbe gilt von concille, Gile. Uebrigens reimen hier Wörter mit erweichtem l oft zu solchen mit gutturalem, vgl. Rim.

= frz. oi (ai, ei).

56. $\bar{\imath}^r$ = a^c, au^{cc}, $\bar{e}$: oie (soie, voie) oies (voies); — $\bar{e}^v$: oient (enuoient).

57. $\bar{\imath}^v$ = a^c : aie (emplaie) oient (voient); = a^{cc}:*ais (demenais) *eiue (aperceiue); = au^{cc} : oie lermoie = $\bar{e}^o$:ois (pois).

58. i^{cc} (compl. gutt.) = a^{cc}: eire (Leire) aire(prouaire); = $\bar{o}^c$, e^{cc} : oit (doit) = e^{cc} : oirre (voirre); = $\bar{e}^v$, $\bar{o}^{cc}$, $\bar{o}^{cc}$: oire (prouoire).

Zu merken: voirre: terre 53,18. Es finden sich hier also schon sämmtliche oi, die überhaupt denkbar, gebunden, was bekanntlich im Westen nicht möglich ist vgl. §46, und zwar muss das oi schon den Klang oè gehabt haben, da es oft als ai geschrieben und mit etymologischem ai und è gebunden wird. Das normannische ei für ī, ē findet sich nur selten geschrieben, meist schon oi oder oai, ai und oe (vgl. § 72), e (vgl. § 51).

= frz. oi_n.

59. $\bar{\imath}_n$ = oe_n: oine (moine). Das lat. minat findet sich also in 3 Schreibungen: maine, meine und moine, doch herscht erstere bei weitem vor.

Lat. o.

= frz. a_n.

60. $\bar{o}^{cc}_{(mn)}$ = a^{cc}, e^{cc} : ame (dame).

= frz. eu.

61. $\bar{o}^c$ = $\bar{o}^c$: eu (sarqueu) eus (merueilleus); = *$\bar{o}^{cc}$: eurs (Meilleurs).

62. *$\bar{o}^{cc}$ = $\bar{o}^c$: eurs (ailleurs).

Für altes ou ist also schon überwiegend die Schreibweise eu gebräuchlich. Wie in Isle de France (vgl. Metzke S. 28 ff. findet sich die lat. Endung ōsus schon stets als eus, ebenfalls ist -atorem nie durch eour ausgedrückt, wohl aber häufig nach normannischer Weise durch eūr, nämlich 71,7. 121,10. 129,17 was sich 206,10 mit eur gebunden findet: pecheūrs: pleuseurs.

Die Schreibung eor kommt 2 mal vor 101,2. 122,22. wie voriges unter sich gebunden, einmal findet sich noch die gelehrte Form ator nämlich 80,15 criator:retor, was bemerkenswert ist, da nach Metzke S. 26 im Französischen solche Bindungen sich nicht finden. Also ist hier als gewöhnliche Aussprache doch ein eu ähnlicher Laut anzunehmen obwohl sich nur einmal *eeur* findet, nämlich: *peeur* : *iangleeur* 33,27.

Auch für das Suffix *ōrem* findet sich *ou* nur selten, ebenso bei sonstigem $ō+r$.: *aoure* : *demoure* 65,7.
 colour : *doleur* 57,22.
 plours : *Sors* 172,7.

Oefter steht auch hier schon *eu*, am meisten aber wie in Isle de France *o*. vgl. § 63 und 76.

= frz. *ó*.

63. $ō^c$: *or* (*criator*); = u^{cc}: *orent* (*plorent*) *ordes* (*bordes*).

64. $ō^{cc} = ō^c$: *or* (*retor*); = $ŭ^{cc}$: *or* (*tor*) *orne* (*morne*).

Vgl. Paris: »Das geschlossene *o*« Rom. X. 36—62. und Förster »Schicksale des lat. ŏ im Französischen. Roman. Studien III.

= frz. *ò*.

65. $ō^c = au^e$, $ō^{cc}$: *ole* (*escole*) *ors* (*fors*); = au^c : *ose* (*rose*)*.

66. $ō^{cc} = a^o$, a^{cc} : *ot* (*pot mot*); = au^{cc} : *oste* (*coste*); = $ō^c$: *ole* (*fole*); = u^{cc} : *ors* (*cors*) *ort* (*mort*)**.

* *rose* ist nur mit *chouse* gebunden, wenn auch einmal mit *ou* geschrieben, s. Rim.

** Diese Bindungen sind auffallend, vgl. unter *u* § 80.

= frz. *o_n*.

67. $ō_n = a_n (+u)$ $ō^c$, $ŭ^c$: *on* (*ton*) a_n, $ō_{n+c}$: *ons* (*lions*); = $ō_{n+c}$: *omme* (*Romme*).

68. $ō_{n+c} = ō_n$: *omme* (*nomme*).

69. $ō_n = *au_n$: *ont* (*semont*); = $ō_n$: *on* (*hom*).

70. $ō_{n+c} = ō_n$, $ō_{n+c}$: *omme* (*homme*) *ons* (*semons*); = $ŭ^{cc}$: *omme* (*somme*) *ont* (*amont*).

Nirgends also findet sich hier normanisches *u*, was ja auch für *ō* in offener Silbe, wie wir sahen, nur selten ist.

= frz. *oi*.

71. $ō^{cc} = e^c$, e^{cc} : *oire* (*gloire*);* = $ō^{cc}$: *oire* (*tempoire*); = u^{cc} : *oissent* (*connoissent*).

72. $ō^{cc} = a^c$: *oer* (*ouroer*);** = $ē^c$, $ē^{cc}$, $ō^{cc}$: *oire* (*estoire*); = u^{cc} : *oise* (*troisse*).

* *oria* hat bekanntlich sich *ŏria* in der Entwicklung angeschlossen.

** Ausser diesem *ouur*[*ē*]*oer*:*ioēr* 55,24. kommt die Schreibung *oer* noch 2 mal vor, nämlich 23,12 *mir*[*e*]*oer*: *terr*[*e*]*oer*, gem. afr. begegnet *mireor*, *mireoir*, während ein *terreoir* neben *territoire* mir nicht bekannt ist.

= frz. *oi_n*.

73. $o_{gn} = u_{nci}$: *ointe* (*acointe*).

= frz. *eu, ue, oe*.

74. $ō^c = au^c$, $ō^c$: *eu* (*leu*) *eus* = $ō^{cc}$: *eulz* (*eulz*); = $e^c (+u)$: *ueve* (*trueve*).

75. $ō^{cc} = ō^{cc}$: *ueble* (*mueble*).

Die alten Schreibungen *ue* und *oe* halten dem neuen *eu* noch ziemlich die Wage. Zu bemerken ist, dass *oe* nicht blos im Wortanlaut steht, wie Manche behaupten, um eine falsche Deutung des *u* zu verhindern. 2 mal findet sich sogar schon die volle Form *oeuure*: 37,10. 54,29.

= frz. *ou*.

76. $ō^{cc} = ō^{cc}$ (*ls*) : *oust* (*toust*); = $ŭ^{cc}$: *ouche* (*souche*) *ourt* (*court*) *oust* (*coust*) *oute* (*boute*).

77. δ^{∞} (ls) = au^{∞}, δ^{∞} : oust (asoust);* = δ^{∞} : ouche (aprouche).

* Diese *praeterita* haben ihr o wohl zu geschlossenem umgewandelt, wie dies ja allgemein für *appröpiare* auch angenommen ist.

= fr. *ui*.

78. δ^{∞}(rj) = $\bar{v}$: *uire* (muire);* = *$\bar{u}^{\infty}$(tj) : uis (puis)*; = ∞ : *uie*.

* Hier ist wohl $\widehat{ui}$: *i* gebunden, da der Vers jedenfalls den inf. (?) *muire* 3silbig verlangt:
Et il te plest que ie languisse 192,14
A grant doulour et ici muire
Com j torel moz ia mu | ire.
Auch neufranzösisch heisst es ja noch *mugir* und liegt hier also eine Bindung von *ui* : *i* vor, da *iu* bereits seit Anfang des 12. Jh. zu *ui* geworden.
Zu merken ist, dass sich in unserm Texte für lat. $\delta + i$ nie die im Westen recht häufigen *oie* und *ei* finden. Auch betont stets *ui* und nicht *oi*.

Lat. *u*.
= frz. *eu*.

79. *$\bar{u}^{c}$ = ∞ : *eure* (seure).

= frz. *ó*.

80. u^{∞} = δ^{∞} : *orent* (acorent); = δ^{∞} : *or* (tor) *ordes* (sordes); = δ^{∞} : *ors* (secors) *ort* (gort).

u in *gurges* ist wohl zu δ übergetreten; die andere Bindung *secors* : *mors* beruht auf Ungenauigkeit, falls nicht die beiden *o* sich damals im Klange näherstanden als heute.

= frz. o_n.

81. $\bar{u}^{c}$ = $\bar{o}^{c}$: *on* (Chetiaulandon).

82. $\breve{u}^{\infty}$ = δ^{∞} : *omme* (somme) *ont* (purfont).

= frz. *oi*.

83. u^{∞} = δ^{∞} : *oissent* (angoissent);* = δ^{∞} : *oisse* (angoisse).

* Ebenso im Centralfrz. während der Westen *ui* hat

= frz. *oi$_n$*.

84. u^{∞}(nj) = δ^{∞} (nj) : *oigne* (besoigne) *oinne* (vergoinne).*

* Auffallend ist hier die Bindung 153,27 *besoigne* : *vergoinne*. Wenn letzteres Wort nicht falsche Schreibung des Kopisten ist, so weist es darauf hin, dass in unserm Gebiet intervokalisches, durch Konsonanz gestütztes *n* sehr früh seinen palatalen Charakter aufgab. Aehnliches findet sich auch in Isle de France um diese Zeit. Anders ist es mit *essoine*, das 66,7: *seine* gebunden ist und schon sehr früh ein gutturales *n* zeigt.

= frz. *ou*.

85. $\breve{u}^{\infty}$ = au^{c} : *ouse* (pouse); = δ^{∞} : *ouche* (bouche) *ourt* (sourt) *oust* (aoust) *oute* (redoute).

= frz. *ū*.

86. $\bar{u}^{\infty}$ = $\bar{u}^{c}$: *u* (tu).
87. $\bar{u}^{v}$ = $\bar{u}^{c}$: *u* (fu).
88. $\bar{u}^{c}$ = $\bar{u}^{\infty}$, $\bar{u}^{v}$: *u* (vertu); = u^{∞} : *ume* (costume).
89. $\bar{u}^{\infty}$ = $\bar{u}^{c}$: *ume* (alume).

= frz. *ui*.

90. $\bar{u}^{c}$ = *$\bar{u}^{\infty}$: *uit* (condoit).
91. $\bar{u}^{\infty}$ = δ^{∞} : *uis* (puis); = $\bar{u}^{c}$: *uit* (conduit).

Diphthonge.

Lat. ae.
= frz. é.
92. $ae^c = \bar{e}^c$: ert (ahert).
= frz. è.
93. $ae^{cc} = \bar{e}^{cc}$: este (preste).
= frz. ié.
94. $ae^o = a^o$: iee (liee) = $\bar{e}^c$: iert (quiert).
95. *$ae^{cc} = \bar{e}^{cc}$: ierres (currierres).

Lat. au.
= frz. eu.
96. $au^* = \check{o}$: eu (leu).
Auffallende Bildung: leu (laudo): leu (lŏcum) 188,22.

= frz. ó.
97. $au^c = ole$ (parole); = o^{∞}: oste (oste).
= frz. oi.
98. $au^{cc} = \bar{e}^c$, $\check{\imath}^v$, $\check{\imath}^{\infty}$: oie (joie); = $\bar{e}^{\infty}$: oistre (cloistre) = i^v: oies (joies).
= frz. ou.
99. $au^c = a^o$: ou (enclous); = $\check{o}^c$: ouse (chouse) out (clout); = u^{∞}: ouse (chouse).

Lat. oe.
100. $oe^c = \bar{e}^c$, $\check{\imath}^v$: oine (poine).

B. Nachtonige Vokale.

1. In letzter Silbe.

101. *a* bleibt wie gewöhnlich als *e* erhalten, *commant* 195,29, ist doch wohl als cj., nicht als ind. zu fassen. Es schwindet jedoch natürlich im impf. i. und cond. mit Ausnahme von *yere* 181,31.

102. Die übrigen Vokale bieten iber nichts Auffallendes.

2. In vorletzter Silbe.

103. *a* ausnahmsweise geschwunden in dem bekannten Beispiel *Seine*.

e ist wie gewöhnlich ausgefallen oder hat wie *i* gewirkt.

i wirkungslos ausgefallen (in Wörtern wie *misere, aperceiue, beste, nobile, mile, mestier*. Im Uebrigen nichts zu bemerken.

o u. *u* wie gewöhnlich.

104. Stützvokal zeigt sich ebenfalls in den gemeinfranzösischen Fällen in *able, acre, ade, age, aire* etc.

II. Consonantismus.
a. Zahnlaute.

Lat. *t*.
= frz. *t*.

105. *t*ᵛ bleibl nach hellem Vokal mit Ausnahme des prt. u. a. Ungewöhnlich erhalten findet es sich in den Formen *seint* 168,21. und *meint* 168,4.

106. ᶜ*t* s. a. = *t*ᵛ: *art (part) ert (Fulbert) uit*; = ᶜ*d* s. a.: *ant (enfant) ent*.

107. ᶜ*t*ᵛ = ᶜ*d*ᶜ (*dt*): *ente (dolente) erte (certe)*.
= frz. *d*.

108. ᶜ*t*ᵛ = ᵛ*t*ᵛ, ᵛ*p*ᶜ: *ade (malade)*.

109. ᵛ*t*ᵛ = ᶜ*t*ᵛ: *ade (fade)*.
= frz. ↼.

110. *t*ᵛ = ↼: überall, wie gewöhnlich um diese Zeit, nach *a* sowie in *a* = *habet* und im prt. aller schwachen Conjugationen. Abweichend vom gewöhnlichen Gebrauch fehlt es auch in der schon mehrfach erwähnten altertümlichen Form *yere* 181,31. — Ferner, wie gewöhnlich, wo es sekund. einem stummen Laut folgt.

111. ᶜ*t* s. a. = ᵛ*ss* s. a.: *as (donnas)*; = ᵛ*c*ᶜ *oi (doi)*; = ᵛ*c* s. a.: *eu (veu)*.

112. ᵛ*t*ᵛ = ᵛ*d*ᵛ: *iee (merucilliee) ue (venue)*; = ᵛ*b*ᵛ, ᵛ*g*ᵛ: *ue (vestue)*.

113. ᵛ*t*ᶜ = ᵛ*r*ᵛ: *ere (pere) eire (veire)*.

Lat. *tt*.
= frz. *t*.

114. ᵛ*tt*ᶜ = ᵛ*d*ᶜ, ᶜ*t*ᵛ: *it (petit) ite* = ᶜ*t*ᵛ: *ites*; = ᵛ*t*ᵛ: *ot (mot)*.

Meist findet es sich durch *t* ausgedrückt wie überhaupt zur Zeit im Centralfranzösischen. Es ist wohl gedehnte Aussprache des vorhergehenden Vokals anzunehmen, wie die neben -*et* sehr beliebten Schreibungen -*est*- und -*eit*- anzudeuten scheinen. Letztere ist bekanntlich dem Wester eigentümlich und findet sich nach Görlich auch in den südwestlichen Dialekten häufig:
chareite 103,17. *filleite : feite* 53,29
  meschineite : treite 100,21.
    meite : seite 191,21.
    breite : chareite 103,16.
    leitre : meitre 101,22.
      : *mestre* 59,17.
  boucheite : pucellete 58,29. 26,15
  mestre : lestre 18,21.
    nette : fillete 51,18.

Lat. *t (t)*.
= frz. *t*.

115. ᶜ*t(t)* = ᶜ*t*ᵛ: *ent (ment*

Lat. *t (s)*.
= frz. *s, z*.

116. ᶜ*t(s)* = ᶜ(*d(s)*: *ans (pas sans) ars [pars] ens (dedens)* = ᵛ*t(s)*: *es (les)*.

117. ᵛt(s) = ᶜt(s): es (les).
Lat. tt(s).
= frz. z.
118. ᵛtt(s)=ᵛtd(s):ez (chenez).
Im Allgemeinen ist über diese Lautbezeichnung zu bemerken, dass z bedeutend häufiger vorkommt als s, und ausser 46,27 nie mit demselben im Reim zusammengestellt wird. Dasselbe bemerkt Seeger bei Guill. le Clerc de Norm.

Wohllaut- t.

119. Es findet sich in nestre: sire sowie in den prt. pristrent, emistrent, beneistrent, die ja dem Westen eigentümlich sind.

tj s. j.

Lat. d.
= frz. d.

120. ᵛdᶜ = ᶜtᵛ: ade (sade).
121. ᶜdᵛ = n-r: aindre (graine).
122. ᶜdᵛ = n-r: endre (tendre).
= frz. t.
123. ᵛdᶜ (dt) = ᵛcᶜ: it (vit).
124. ᶜdᵛ (dt) = ᵛd s. a.: ant (mmant) = ᶜtᵛ: ente (vente) erte erte) = ᵛt s. a. ent (descent) t (parfont).
125. ᶜd s. a. = ᶜt s. a.: ant (souuent).
= frz. l.
126. ᵛdᵛ = ᵛlᵛ: ile (Gile).
= frz. o.
127. ᵛdᵛ = iᵛ: aient, aies, ie. aᶜ, ᵛbᵛ: oient = ᵛtᵛ: iee (coig-

niee) ue (nue) ues = ᵛpᵛ: ueue (vueue) = ᵛvᵛ: ut (crut).
128. ᵛd s. a. = ᵛcᵛ: i (merci) = ē̃ᶜ: oi (desvoi) oᶜ: eu (leu).
129. ᵛdᶜ=ᵛvᶜ ᵛcᶜ: irent (virent) = ᶜnᵛ: orne (aorne).

Lat. d (s).
= frz. s, z.

130. ᶜd(s) = ᶜt(s): ans(grans) = ᶜrs: ors (sors) = ᵛcᶜ: oiz(foiz).

dj s. j.

Germ. zz.
= frz. c.

131. ᵛzzᶜ = ᵛcjᵛ: ice (espice).

Lat. s.
= frz. s.

132. ᵛsᵃ = ᶜs s. a.: is (amis).
133. ᵛs s. a. = ᵛsᵃ: is (mis) = ᶜs s. a.: ois (pois).
134. ᵛsᵛ = ᶜsᵛ: ouse, ᵛsjᵛ: ise ises = ᵛssᵛ: isent (deuisent) ist (obeist).
135. ᶜsᵃ = ᵛsᵗ: as (as).
136. ᶜs s. a. = ᵛs s. a.: ois (pois) = ᵛtj s. a.: is (vis).
137. ᶜsᶜ = ᶜssᶜ: isme (meisme) ismes = ᵛsᶜ: oust (asoust).
138. ᵛsᶜ = ᶜs s. a.: as (donnas) = ᶜsᶜ: oust.
= frz. o.

139. ᵛsᵃ = ᵛn s. a.: on (dion, macon).

Lat *ss*.
= frz. *ss*.

140. ʳ*ss*ᵛ = ʳ*tj*ᵛ: *asse (lasse) esse (messe) esses* = ʳ*s*ᶜ: *esme (pesme)* = ʳ*s*ᵛ: *issent, ousse (grousse)*.
= frz. *s*.

141. ʳ*ss* s. a. = ʳ*sc* s. a.: *es (confes)* = ʳ*s*ᶜ: *esme* ʳ*s*ᵛ: *ist*.

142. ʳ*ss*ᶜ = ∞: *ast*.

sj s. *j*; *sc* s. *c*.

Ueber den Wert des *s*ᶜ im Inlaut ist zu bemerken, dass es wohl schon durchaus stumm ist, da es sowol mit Wörtern ohne *s* gebunden wird als auch an etymologisch ganz unberechtigter Stelle steht. Es dient vielmehr nur als Dehnungszeichen vgl. § 114. Besonders auffallend steht 91,12: *mendiest* impf.: *est*, vgl. § 46 Anm.

b. Kehllaute.

Lat. *c*.
= frz. *c*.

143. ʳ*c*ᶜ = ʳ*g*ᵉ: *acre (Fiacre)*.
= frz. *ch*.

144. ᵉ*c*ᵛ = ʳ*c*ᵛ: *anche (blanche)*.
= frz. *g*.

145. ʳ*c*ᵛ = ʳ*pj*ᵛ: *age (corage)*.

146. ᵉ*c*ᵛ = ᵉ*g*ᵛ: *arge (charge)*.
= fr. *i*.

147. ʳ*c*ᵛ = ʳ*bj*ᵛ: ʳ*g*ᵛ: *aie (laie)* = ē̆ᵉ: *aies (veraies)*.

148. ʳ*c* s. a = ʳ*bj* s. a.: *ai (verai)*.

149. ʳ*c*ᶜ = ʳ*tt*ᵛ: *eite (feite)* = ʳ*tj*ᵛ: *cice (adreice)* = ʳ*t*ᶜ: *ez (fez)* = ʳ*lj*ᵛ: *aille, eille*. = ī̆ᵛ: *oient (proient)*.
= frz. ○.

150. ᵉ*c* vor *l* = ○ in *vermaus, eulz*. Ferner schwand es vor *s* in *pors* 190,9 und im Auslaut nach gewöhnlicher Annahme in *leu*. Am häufigsten geht es jedoch im vorangehenden langen Vocal auf.

151. ᵉ*c*ᵉ = ᵉ*d* s. a. ʳ*c* s. a.: *i (ci)*.

152. ᵉ*c* s. a. = ᵉ*c*ᵛ, ʳ*c*ᶜ: *i (ami)*.

153. ᵉ*c*ᵛ = *i*ᵛ, ᵉ*c*ᵒ: *ie* ʳ*g*ᵒ: *ient (dient)*.

154. ᵉ*c*ᶜ = ᵉ*n*ᶜ: *ine (narine)* = ᵉ*rj*ᵒ, ᵉ*b*ᶜ, ᵉ*d*ᶜ: *ire (dire)* = ʳ*d(t)*ᶜ: *it (dit)* = ᵉ*p*ᶜ: *ite*; ᵉ*lj*ᵉ: *ille (perille)*.
= frz. *is*.

155. ᵉ*c*ᵒ = ᵉ*s*ᵒ: *is (dis)* = ᵉ*s*ᶜ: *ist (gist)*.

Lat. *cc*.
= frz. *ch*.

156. ᵉ*cc*ᵒ = ᵉ*pj*ᵒ, ᵉ*ll*ᵒ: *ouche (bouche)* = ᵉ*c*ᵒ: *uche (aluche)*.

Lat. *nc*.
= frz. *in*.

157. ʳ*nc*ᵒ = ᵉ*n*ᶜ: *aint (saint) eint (enfreint)* = ᵉ*gn*: *cins*.

Lat. **sc**.
= frz. **ch**.
158. $sc^v = {}^{ii}c^e : ache\ (tache)$.
= frz. **is**.
159. ${}^v sc^v = {}^r x^e : ist\ (gemist)$.
160. ${}^r sc$ s. a. $= {}^r ss$ s. a : es $(fes) = {}^v tj$ s. a.: $uis\ (truis) = {}^r stj^e : oisse$, $oissent\ (troissent)$.
cj s. j.

Lat. **x** ($= cs$).
= frz. **is**.
161. ${}^v x^v = {}^v sc^v : {}^r s^v : ist\ (ist) = {}^r s^r : istrent\ (beneistrent) = {}^r ss^r : esse\ (lesse)$.

Lat. **qu**.
= frz. **iv**.
162. ${}^v qu^v = {}^v p^v : eiue (eiue\ 56,18)$.

Lat. **g**.
= frz. **g'**.
163. ${}^c g^v = {}^c c^v : arge\ (large)$.
164. ${}^v g^c = {}^v tj^v : age\ (image)$.
= frz. **c**.
165. ${}^v g^v = {}^v c^v : acre\ (poacre)$.
= frz. **i**.
166. ${}^v g^v = \bar{e}^v : aie\ (plaie)\ oi\ (doi)\ oient\ (esmoient)\ ois = {}^r l^v : eille\ (veille)$.
167. ${}^v g^v = {}^v l^v : uit\ (bruit)$.

= frz. **o**.
168. ${}^v g$ s. a. $= {}^v c$ s. a. : $eu\ (sarqueu)$.
169. ${}^v g^c = {}^v r^v : ier, iere (entiere) = {}^v n^v : ine\ (orine) = {}^v n^c : eins\ (seins)$.
170. ${}^v g^v = {}^v t^v : ue\ (rue)$.
171. ${}^c g^v = {}^v t^v : ort\ (gort)\ ourt\ (sourt) = n\text{-}r : cindre$, $eindrent\ (esteindrent)$.

Lat. **ng**.
= frz. **in**.
172. ${}^v ng^v = {}^v n^v : einent\ (atteinent) = {}^v nct : eint\ (pleint)\ ointe\ (acointe)$.
= frz. **ign**.
173. ${}^v ng^v = {}^v nj^v : oigne\ (aloigne)$.

Lat. **h**.
174. Anl. *h* findet sich in der Schrift noch oft erhalten in *homme*, nämlich 5 mal in Reimworten, während es nur 2 mal darin ohne *h* vorkommt. Dagegen findet sich *hore* nur einmal, dafür aber *hennor* noch öfter im Text. Auch sind zu bemerken *ha* 210,12 und *horri* 191,2.

c. Gaumenlaute.

Lat. **tj**.
= frz. **c (ss)**.
175. ${}^v tj^v = {}^v ss^v : esse\ (megeresse) = {}^c s^v : asse\ (masse) = {}^v cj^v : ace\ (grace)$.

= frz. **is**.
176. ${}^v tj$ s. a. $= {}^v s_v : is\ (pris)\ ise\ (seruise\ 7,11) = {}^v s^c : uis\ (puis)$.

Lat. **dj**.
= frz. **g**.
177. ${}^c dj^v = {}^v nj^v : eigne (apreigne)$.

·= frz. *i*.
178. ᵛ*dj* s. a. = *i*ᶜ : *i* (*demi*).
179. ᵛ*dj*ᵛ = *ī*ᵛ : *oie* (*joie*) : *ie* (*demie*) = ᵛ*dv*ᵛ, ᵛ*vj*ᵛ : *uie* (*ennuie*).
180. ᶜ*dj*ᵛ = ᵛ*nj*ᵛ : *oinne* (*vergoinne*).

Lat. *sj*.
= frz. *is*.
181. ᵛ*sj* s. a. = ᶜ*s* s. a. : *ais* (*Gatinais*).
182. ᵛ*sj*ᵛ = ᵛ*s*ᵛ : *ise, ises* (*eglises*) = ᵛ*cj*ᵛ : *aise* (*mesaise*).

Lat. *cj*.
= frz. *c*.
183. ᵛ*cj*ᵛ = ᵛ*tj*ᵛ : *ace* (*face*) *ice* (*office*).
= frz. *is*.
184. ᵛ*cj*ᵛ = ᵛ*sj*ᵛ : *ese* (*plese*).

Lat. *pj*.
= frz. *g'*.
185. ᵛ*pj*ᵛ = ᵛ*tj*ᵛ : *age* (*sage*).
= frz. *ch*.
186. ᵛ*pj*ᵛ = ᵛ*cc*ᵛ : *ouche* (*aprouche*).
= frz. *i*.
187. ᵛ*pj* s. a. = ᵛ*v*ᵛ : *ei* (*sei*).

Lat. *bj*.
= frz. *g'*.
188. ᶜ*bj*ᵛ = ᵛ*nj*ᵛ : *ange* (*change*).
= frz. *i*.
189. Ueberall, wie gewöhnlich im Auslaut. *aie* und *aient* sind Analogiebildungen.

Lat. *vj*.
= frz. *g'*.
190. ᵛ*vj*ᵛ = ᵛ*g*ᵛ : *ier* (*legier*).
= frz. *i*.
191. ᵛ*vj*ᵛ = ᵛ*dj*ᵛ : *uie* (*pluie*).

Lat. *mj*.
= frz. *ng'*.
192. ᵛ*mj*ᵛ = ᵛ*nj*ᵛ : *ie* (*congie*).

Lat. *nj*.
= frz. *ng'*.
193. ᵛ*nj*ᵛ = ᵛ*lj*ᵛ : *ange* (*estrange*) — ᶜ*nj*ᵛ : *onge* (*menconge*).
= frz. *ign*.
194. ᵛ*nj*ᵛ = ᶜ*dj*ᵛ : *aigne* (*ouuraigne*) = ᵛ*ng*ᵛ : *oigne* (*besoigne*).
= frz. *in*.
195. ᵛ*nj*ᵛ = ᵛ*n*ᵛ : *oine* (*essoine*).

Lat. *lj*.
= frz. *il*.
196. ᵛ*lj*ᵛ = ᵛ*cl*ᵛ : *aille* (*touaille*) *ailles, aille* = ᵛ*gl*ᵛ : *eille* (*merueille*) = ᵛ*ll*ᵛ : *ille* (*fille*).
197. ᵛ*lj* s. a. = ᶜ*l* s. a. ᵛ*ll* s. a. : *il* (*fil*).

Lat. *rj*.
= frz. *ir*.
198. ᵛ*rj*ᵛ = ᵛ*r*ᵛ : *ier, iere, ire* (*matire*) *oire* = ᶜ*r*ᵛ : *aire* (*contraire*) *aire, ere*.

d. Lippenlaute.

Lat. *p*.
= frz. *b*.

199. ᵛ*pᶜ* = ᵛ*bᶜ* : *ible (trible) oble (Constentinoble)*.
= frz. *v*.

200. ᵛ*pᵛ* = ᵛ*vᵛ*, ᵛ*dᵛ* : *oeue (troeue)* = ᵛ*qᵛ* : *eiue (aperceiue* 56,17) = ᵛ*vᵛ* : *iue (eschiue)*.
= frz. ○.

201. ᵛ*pᶜ* = ᶜ*tᵛ* : *ade (sade)* = ᵛ*tjᵛ*, ᵛ*ssᵛ* : *asse (chasse)* = ᵛ*sjᵛ* : *ais (demenais)* = ᵛ*rᵛ* : *eure (seure)*; ᵛ*bᶜ* : *ot (sot)* = ᵛ*stᵛ* : *it (escrit)* ; ᵛ*ttᵛ* : *outes (routes)*.

202. ᶜ*pᶜ* = ᶜ*s* s. a. : *ens (tens)*.

Lat. *b*.
= frz. *b*.

203. ᵛ*bᶜ* = ᵛ*pᶜ* : *ible, oble (noble)*.
= frz. *v (u)*.

204. ᵛ*bᵛ* = ᵛ*vᵛ* : *oeue (proeue)* = ᵛ*tt* s. a. : *ot (amot)*.

205. ᵛ*bᶜ* = ∞ : *iure*.
= frz. ○.

206. ᵥ*bᵥ* = ○ : *oie, oies, ut* = ᵛ*dᵛ* : *oient* (impf.) = ᵛ*nᶜ* : *ont* (prs.).

207. ᵛ*bᶜ* = ᵛ*st* s. a. *as* = ᵛ*pᶜ* : *ade (malade)* = ᵛ*rjᵛ* : *ire (escrire)* = ᵛ*ttᵛ* : *oute (doute)*.

Lat. *v*.
= frz. *v*.

208. ᵛ*vᵛ* = ᵛ*pᵛ* : *iue (viue)* = ᵛ*bᵛ* : *oeue (esmoeue)*.
= frz. ○.

209. ᵛ*vᵛ* = ᵛ*pj* s. a. : *ei (osci)*.

210. ᵛ*vᶜ* = ᵛ*cᵃ*, ᵛ*bᶜ* : ₐ (prt.) = ᵛ*cᵃ*, ᵛ*c* s. a. ᵛ*t* s. a. : *i (eissi)* = ᵛ*s* s. a. : *is (nais vis)*.

Lat. *dv*.
= frz. *u*.

211. ᶜ*idvᵛ* = *odjᵛ* : *uic (vuie)*
s. S. 44.

e. Dauerlaute.

Lat. *m*.
= frz. *m*.

212. ᵛ*mᵛ* = ᶜ*mᵛ* : *ime (rime)* ; ᵛ*nᵛ* : *on, us* = ᵛ*mnᵛ* : *ome (Romme) ume (plume)*.

213. ᶜ*mᵛ* = ∞ : *aume, aumes*.
= frz. *n*.

214. ᵛ*mᶜ* = ᵛ*nᶜ* : *ange, ens (tens)* = ᵛ*nᵃ* : *on (non)*.
= frz. ○

215. Ueberall regelrecht im Auslaut nach tonlosem Vocal.

Lat. *mm*.
= frz. *m*.

216. ᵛ*mmᵛ* = ᵛ*mnᵛ* : *ome (some)*.

Lat. *mn*.
= frz. *mm, m*.

217. ᵛ*mnᵛ* = ᵛ*mᵛ*, ᵛ*nmᵛ* : *ame (dame) omme* = ᵛ*mᵛ* : *ume (alume) ument*.

Man sieht hier den Beginn der neuen Schreibung von geminirter Konsonanz an Stelle der bisher üblichen einfachen, um nämlich die

Kürze des vorangehenden Vokals anzudeuten. *Romme* 24,12. *homme* 152,9. 88,29, doch umgekehrt auch noch *some* 101,26 und 200,10 wie wir eben sahen. Auch bei *l* findet sich mehrmals *ll*, doch noch weit vorherschend *l*, so namentlich noch bei den sonst oft *ll* zeigenden *ecole* und *parole*.

Lat. *n*.
= frz. *n*.

218. $^v n$ s. a. = ∞ : *ain, ein, en, in, un*.

219. $^v n^v$ = $^c m_v$: *ine (raine)*.

220. $^v n^c$ = $^v m^c$: *ens (sens) onte (monte)* = $^v n^{·c}$: *ons (semons)*.
= frz. ○.

221. In den bekannten Fällen *païs, pris, pois (pensum), retor*.

Lat. *nm*.
= frz. *m*.

222. $^v n m^v$ = $^v m n^v$: *ame*.

Lat. *gn*.

223. Bleibt der Schreibart nach meist *gn*; wird jedoch durch *in* ausgedrückt in *seins* (Glocken) sowie in *acointe*.

Dem Augenreim zu Liebe ist ein *gn* geschrieben in *enterignes* und *hymgnes* 41,21—22. Doch findet sich erstere Schreibung im Altfranzösischen ja öfter und ist bekanntlich einer Umstellung von *integrinus* zu *enterignus* durch Einfluss von *benignus* zuzuschreiben.

Lat. *ng* s. § 171.

Lat. *l*.
= frz. *l*.

224. $^v l^v$ = $^v l l^v$: *eles (teles) ole (parole)* = $^v l j^v$: *ile (avile)*.

225. $^v l^c$ = ∞ : *eult, eulz*.

226. $^c l$ s. a. = $^c l l$ s. a. : *al (mal)*.

227. $^c l^v$ = ∞ : *able, ables, emble, ible, oble*.
= frz. *u*.

228. $^v l^c$ = $^v l l^c$: *aus (paroissiaus)*.
= frz. *n*.

229. $^v l^v$ = $^v l l n^v$: *ine (narrine)*.
= frz. *r*.

230. $^c l^v$ = $^v t r^v$: *ostres (apostres)*.
= frz. ○.

231. $^v l^c$ = $^v s^c$: *ouse (pouse)* = $^v b^c$: *outes (escoutes)* = $^v t^c$: *us (nus)*.

Dies kommt sowol im Westen als im Französischen vor, dagegen findet sich kein Beispiel, dass nach Art des Normanischen *l* vor flexivischem *z* gefallen wäre nach *i*, vielmehr steht 29,18 *fil (filius)*: *peril*. obl.

Lat. *ll*.
= frz. *l (ll)*.

232. $^v l l$ s. a. = $^v l j$ s. a. : *il (il)* $^c l$ s. a. : *al (aval)*.

233. $^v l l^v$ = $^v l^v$: *eles (cencles) ole (fole)* = $^v l j^v$: *ille (ville)*.
= frz. *u*.

234. $^v l l^{·c}$ = $^v l^c$: *aus (seiaus) eaux (tropeaux)*.

Lat. *l (s)*.
= frz. *x* (= *us*).

235. $^vl\,(s) = \infty : ex\,(chatex)$.
Doch finden sich 33,4 auch 2 Fälle von Erhaltung des *l* vor *s cruels*: *hainels*.

Lat. *r*.
= frz. *r*.

236. $^vr^v = {^cr^v} : iere, oire\,(voire)$
$= {^vrj^v} : ier, iere, ieres, ire = {^vrr^v} : orent\,(plorent)$.

237. ^vr s. a. $= \infty : air, er, ier, ir$.

238. $^vr^c = \infty : arde, arge, art, artres, eindre$ etc.

239. $^cr^v = {^vr^v} : ierre\,(pierre), oire\,(prouoirc), ire\,(dire) = {^vrj^v} : aire, eire, ere, oire = {^vrr^v} : eire\,(veirre)$.

Lat. *rr*.
= frz. *rr*.

240. $^vrr^v = {^cr^v} : erre\,(terre)$.
= frz. *r*.

241. $^vrr^v = {^vr^v} : orent\,(acorent)$.

Flexion.
A. Nominalflexion.

Im Allgemeinen werden die alten Regeln noch befolgt, öfter weicht der Dichter jedoch dem Reim zu Liebe davon ab und zieht dann die Schreibung des cas. obl. meist der des cas. rect. vor, während bei Bindungen von gleichen casus fast ohne Ausnahme noch die alten Formen beachtet sind.

I. Feminina.
a) Vokalische Deklination.

Der lateinischen Flexion ist nur noch Rechnung getragen in *grans* 195,18 (: *enfans*), während sich *real* unflektirt findet. Sonst treten secundäre Feminina auf *e* für lat. Adjectiva auf *is*, *-e* hier schon mehrfach auf: *grieue* 162,16; ausserdem oft im Vers: 43,16. 44,14. 79,24. 206,13.

Natürlich findet sich auch das bekannte *dolente* 159,5. *Nobile* 54,27 ist schon besprochen = **nobil(i)a*.

nom. pl.
zeigt stets *s*. Zu merken: *dolentes* 183,27.

obl. pl.
Eingeschlechtig noch *grans* 64,10.

b) Konsonantische Deklination.

Sehr wenig belegt. Nur nom. sing.: *la main* 173,22. *foiz* 196,28.

II. *Masculina.*
1te. Deklination.

Im nom. sing. ohne *s*: *pere* 17,22. 38,12. *persone* 168,26. *espie* 114,26. *deliure*: *iure* 146,26 Mit *s*: *liures* 18,17. 120,13. *deliures* 120,14. 201,23. *prestres* 165,4 : *celestres*. n. pl. : *deliures* 145,15.

2te. Deklination.
nom. sing.

Hier zeigt lat. masc. noch vorwiegend *s*: *primes* 88,26. 154,30. *meismes* 73,23. *il meismes* 40,19 (und daneben wie neufranzösisch *lui meismes* 142,1). *apostres*: *nostres* 38,10. *cruels* : *hainels* 33,4. *parfons* 56,7 ; *forz* 74,10. *nus* 29,9. 71,16. *cors* und *pors* stets mit *s*. *Guillaumes* 170,4. *Roberz* 208,8 selbst *Meilleurs* 26,10.

Wo ohne *s*, ist es ausser in *sire* 28,24 dem Reim zuzuschreiben. So z. B.: *tonnerre* 84,15. *espert* 27,29. 72,14. *muet* 35,17. 117,25. *parfont* 98,9. *linceul* 65,19. *sage* 11,20. 108,16. *tel* 64,2 etc.

Zweimal findet sich allerdings auch cas. rect.: cas. rect. ohne *s*, nämlich:

> 26,29 Li euesques et le deien
> Lun premier lautre darrien.
> 63.25 Trop lez et trop espoentable
> Croire deuez que cert deable.

Doch ist es fraglich, ob diese Schreibung wirklich vom Dichter herrührt.

Auch dass das lat. Neutrum meist kein *s* zeigt, wird auf Rechnung des Reimes zu setzen sein: *pigment* 76,24. *seintuaire* 20,6. 178,31. *repeire* 6,11. *menconge* 138,30. 148,19. *reigne* 50,4. *esuangile* 54,28. *erre* 84,16. 156,4. *enpire* 210,16, gegen *consaus* 192,24: *hauz. domages* 128,18: obl. pl. Das neutrale Adj. u. Part. entbehrt dagegen mit Recht *s:* *Si com est ci deuant treitie* 29,28.

obl. sing.

Stammhaftes *s* wird natürlich bewahrt: *fons* 56,8. *tens* 164,18.

Als Eigenname steht mit *s*: *Oliens* 74,2, dagegen *Gile* 193,9,21.

Offenbar falsch steht das Flexionszeichen an folgenden Stellen: *espers* 173,24. *darreniers* 183,17 und 20,23.

> La dame ce seint vestement
> Auoit vestu celui meismes
> Si haut si precieus si seintimes.

nom. pl.

Noch meist ohne *s* bei Wörtern der lat. *o* Deklination: *lei* 22,1. 74,5. *ami* 124,23. 143,20. *suge* 97,11. *chapelain* 201,31. *malade* 196,12. *paroissien* 180,13. 189,7.

Dagegen mit *s*: *deniers:ouuriers* o. pl. 31,17. *amis :mis* p. p. 52,12. *prisonniers: deniers* o. pl. 145,12.

Ebenso bei lat. *i* und konson. Deklination: *mucon* 101,27. *brandon* 105,17. *breton* 105,11. *bacheler* 94,22. *fort* 170,4. *commun* 69,3. Doch *creables : veritables* n. pl. 207,9. *paroissiaus : tropeax* o. pl. 41,12. *autex*: o. pl. 47,11. *esperis:peris* n. pl. (beide wohl mit leichter Änderung als n. s. zu fassen) 57,18.

obl. pl.

Regelmässig *s*, auch bei *:miracles* 42,20. *vestemenz* 176,2.

gen. pl.

findet sich noch in *ancionnor* 73,12.

Tels com au tens ancionnor.

3te. Deklination.

Die Wörter auf lat. *ator* bilden ihren nom. sing. noch 3 Mal vom lat. nom. zeigen jedoch auch *s*: *ianglierres: bordierres* 112,28. *currierres* 84,22.

Ebenso oft findet sich jedoch schon die dem lateinischen *cas. obl.* entsprechende Form: *iangleeur:peeur* neutr. n. s. 33,26. *lecheor: iangleor* 112,22.

Für den nom. pl. sind nur 3 Reimbelege vorhanden: *pecheor: sauueor* o. s. 101,2. *bourgueignons:compaignons* 182,19.

B. Verbalflexion.

Die 3. pers. sing. zeigt zeitgemässe Behandlung. In Betreff einiger ausweichenden Schreibungen vgl. § 101 u. § 105.

Die 1. pers. sing. ist ohne Flexions *-s*: *di, fiaie, receuraie*.

Die 1. pers. pl. hat *n* für lat. *m* und meistens kein *s*, nämlich in 19 Fällen, während nur 4 Formen mit *s* vorkommen.

Die übrigen Personen bieten nichts Bemerkenswertes.

Von den andern Verbalformen soll nur noch das part. passé und zwar hauptsächlich die syntactische Behandlung desselben einer Betrachtung unterzogen werden und zwar im Anschluss an die Arbeit von Busse »Das part. passé im Altfranzösischen bis zum Anfang des 13. Jh.«

Da unser Text gut 50 Jahre jünger ist, dürfte sich eine Vergleichung lohnen.

Vorher möge erwähnt werden, dass der nom. sing. masc. von -*atus* u. -*itus* im Reime meist ohne *s* begegnet. Letzteres findet sich nur in *trenchies* 89,4. *bleciez* 15,8 sowie indifferent 189,13. 201,21, öfter aber bei -*utus*: *creuz* 18,1. *tenus* 114,30. *venus* 71,15 indifferent 36,24. 111,25. 154,22.

Der nom. pl. ist stets ohne *s*, nur einmal findet sich *venuz* : *tenuz* n. s. 114,29.

Wenden wir uns nun zur syntactischen Behandlung des Partic. bei *avoir* und zwar zunächst, wo es sich auf ein Objectiv pl. masc. bezieht. Von den 6 bei Busse verzeichneten Stellungen kommen bei männlichem Objekt in den Reimen des Gedichtes nur 2 vor, II und III.

Stellung II. V. O. P.

Nach B. S. 25 ist hier bei gelehrter Dichtung des 12 s. Kongruenz feste Regel; auch in unserm Texte finden sich 2 Fälle von Kongruenz gegen 1 Fall von Inkongruenz.

vestus 123,9. *collez* 118,15. *ot grans trez beu* 118,14.

Stellung III. O. V. P.

a. Objekt = sb.

Nur ein Fall: *tretouz ces dis* (= Worte) *ot entendu* 15,23.

b. Objekt = pron. pers.

Auch hier ist das Part. gegen die Regel zweimal unflektirt: *les a bien amoneste* 26,14. nur scheinbar aber: *nos a veu* : *teü* n. s. m. 33,31, dagegen *trauailliez* : *bailliez* 2. pl. imp. 74,27.

c. Objekt ein pron. rel.

In allen 4 vorhandenen Fällen ist die Kongruenz-Regel wiederum nicht beachtet: o. pl.: *garde, soutenu* 29,31. *visite* 30,7. *amenteu* 42,28. Alle diese Verletzungen dürfen wir wohl als aus dem Reimbedürfnis des Dichters entstanden ansehen.

Bei weibl. Objekt im sing. begegnen in der Stellung I. V. P. O.: 2. Fälle von Inkongruenz: *retenu* 35,12. *tenu* 178,30; ebenso 1 Fall bei weibl. Obj. im pl.: *veu* 90,6. Bei vorangehendem Objekt findet dagegen stets Kongruenz statt, ebenso bei weibl. Obj. im pl. in der Stellung IIIa: *escoutees* 116,16. *arrestees* 137,3. 101,18,19. und in der Stellung II: *saoulees* 182,10.

Nachtrag zu p. 12.

esme.
-ēsimum + -essima *a.* : baplesme : pesme 108,10.

esque.
-*iscuit + -iscopum : vesque : euesque 48,10.

esques.
-iscopus + -oo...: euesques : ouesques 178,27.

esse, esce, eice.
-axat *prs.*+ -essa, -essat: lesse: confesse 160,12 cesse 12,26.
-ectiat + -ītiam : adreīce 98,12.
-essam *sb.* + -essat, -issam, -itiam : presse.
-essat + -axat, -issam, -essam, -itiam 12,27; 159,15. — 37,2; 91,23.
est eccehoc + -ītiam : (que)es ce 162,9.
-issam + -essam, -essat : messe 170,30; 159,14.
-ītiam + ĕctiat, -essam, est eccehoc 98,11. — 91,22. — 162,10. + ∞ 30,17. 54,5 etc.

esces.
-itias + ∞ 22,3.

est.
-aestum + -estum : prest : Prest 55,18.

este (ete, ette).
-aesit m + estiam : queste 129,27.
-aesta + -estam, -estiam : preste 99,1. 56,23.
-esta *a.* + estam : manifeste 98,24.
-estam *sb.* + -aesta, -esta, -estiam : feste 98,31. teste 98,23. — 127,8.
-estiam + -aesitam, -aesta, -estam : moleste 129,28. — 56,24. beste 127,7.

estre.
1) -ascere + -*estrem *a.* : nestre : celestre 48,2. + -*estris, -estris 82,17. 100,31.
-esbyter + -*estris : prestres 165,4.
-*estris *a. m.* + -ascere, -esbyter :
celestre 82,16. 165,5. — *a. f.* + ascere 101,1.
-istram + essere : senestre : estre 99,11. 173,27.
2) -itteram + -ittere : lestre : mestre 19,1. 26,15. *vgl.* citre.

et.
-itto + ∞ met 7,21.
-est *prs.* + -ebat : est : mandiest 91,12.

ete, ette (eite, este).
-acta + -ĕtam : deffeite : prophete 77,19.
— + -ittam : treite : fillete 57,14.
*ectat + -ittat : degette 199,31.
-estat + -ittat : amonete 128,12. 132,14.
-itida + -ittam : nette 51,18.
-itta + ∞ : grandeste : petiteste 63,17.
-ittam + -itida, -itta : pucellete 51,17; 58,29.
-ittat + -ectat, -estat : mette.

e(s)tes.
-istas + -ittas : arbalestes : snettes 181,13.

eu.
-audo *prs.* + -ŏcum : leu 138,22.
-ŏcum *sb.* + -audo, -ŏcus, -*ŏgum, -ōtum : leu.
-ŏcus + -ŏcum : feu 12,12.
-*ōgum *sb.* + -ŏcum : sarqueu 187,3.
-ōtem *sb.* + -ōtum : neueu 110,24.
-ōtum + -ŏcum, -ōtem : veu 110,25. 175,28.

eul.
-*ŏlus + -*ŏlum : linceul : berceul 65,18.
-*olum + -*ŏl(i)um : filleul : duel 110,1.

eulz.
-ĕtulus + ŏculos : veulz : eulz 84,26.

eur, or, ur.
-ōrem *sb. n.* + -ōrem *a. n.* : iangleeur : peeur 33,26. + -ōrem *a. o.* : seignor : greignor 76,1 ; — *sb. m o.* + -ōres, -orum, -urnum ; — *sb. f. o.* + ōrum : douleur 160,26.

-ursum + -ōrem: retour 80,16.
-ōres sb. n. + ōrem : peoheor 101,2; 121,10.
-ōrum sb. f. + -ōrem: chandeleur 160,25; sb. m. + ōrem : ancionnor 73,12.

eure (ore, oure).

-ōra impr. + ōram: aeure 166,14.
-*ōram sb. + ōrat: demoure 65,6.
-orat + -oram, -*oram: aore 207,7; 65,7.
-*orat + -oram: demore: hore 193,20.
-upra adv. + oram: desore: eure 38,1.
— + *ūrat: seure: queure 2,19.

eurs (urs, ours).

-*oris + -*ōrsum: Meilleurs: ailleurs 26,11.
-ōres + ∞ 206,10.

eus.

-ŏcos + -ōsum, -osus: leus 71,13. 42,8. geus 19,22.
-*ōrsum + ōsum: ailleus 106,9.
-ōsi + -ōsum, -ōsus.
-ōsos + -ōsum 27,15.
-ōsum + -ŏcos, -*ōrsum, -ōsi, -osos 71,14. — 106,10. — 85,13. — 27,14.
-ōsus + -ŏcos, -ōsi: 19,23. 42,7. — 115,9.

Abkürzungen.

v = Vocal.
c = Consonant.
cc = Doppelconsonanz.
aᶜ = a vor Consonant.
aᶜᶜ = a vor Doppelcons.

= gebunden mit.
: im Reim.
∞ indifferent.
s. a. sekund. Auslaut.
a_n = a vor Nasal.

Berichtigungen:

S. 7 *eiue* füge zu 56,17. — S. 12. Zeile 10 lies *les* statt *ales*. — S. 16, Sp. 2, Z. 7 l. 52,12 st. 42,12. — S. 22 *uie* l.: -ōdiat + -iduam. — S. 24, §. 6 Wegen *oi* = *oé* vgl. § 72. — S. 27, § 46. Anm. Z. 5 v. u. l.: »vgl. § 51 u. 142.